कन्यादान

कन्यादान

विजय तेंडुलकर

अनुवाद

वसन्त देव

वाणी
प्रकाशन

प्रकाशन के उत्कृष्टतम 61 वर्ष

सजिल्द पहला संस्करण : 2018
सजिल्द दूसरा संस्करण : 2022
सजिल्द तीसरा संस्करण : 2024

vaniprakashan.com

वाणी प्रकाशन

4695, 21-ए, दरियागंज, नयी दिल्ली-110 002
फ़ोन : + 91 11 23273167, 23275710

शाखाएँ

अशोक राजपथ, पटना-800 004, बिहार
कॉफ़ी हाउस कैम्पस, महात्मा गांधी मार्ग, प्रयागराज-211 001, उत्तर प्रदेश
महात्मा गांधी अन्तरराष्ट्रीय हिन्दी विश्वविद्यालय, वर्धा-442 001, महाराष्ट्र

sales@vaniprakashan.in
vaniprakashan@gmail.com

Kanyadan
by Vijay Tendulkar
Translated by Vasant Dev

ISBN : 978-93-87409-27-9

Play

मूल्य : ₹ 325

एम.पी. प्रिंटर्स, नोएडा में मुद्रित

वाणी प्रकाशन का लोगो मक़बूल फ़िदा हुसेन की कूची से

कन्यादान

तेंडुलकर का 'कन्यादान' नाटक उनके अन्य नाटकों की तरह एक विवादास्पद नाटक है, हालाँकि यह बहुत सीधी रचना है।

यह नाटक इसके एक पात्र अरुण आठवले का, जो एक दलित लेखक है, नाटक नहीं है। न ही पिछली पीढ़ी के समाजवादी विचारधारा के हिमायती और आदर्शवादी समाजवादी सामाजिक कार्यकर्ता नाथ देवलालीकर का। और सच कहें तो यह नाटक नाथ की पुत्री ज्योति का भी नहीं है, जो इस नाटक के धधकते अग्निकुण्ड में अपनी आहुति दे देती है।

यह नाटक है हमारे यहाँ मान्यता प्राप्त वैचारिक धारणा और कठोर यथार्थ के बीच नये सिरे से उभरते प्राणलेवा संघर्ष का : मनुष्य और उसकी प्रवृत्तियों का। क्या मनुष्य और उसकी प्रवृत्तियाँ दो अलग इकाइयाँ हैं? क्या मनुष्य की पशुता को सुलाकर देवत्व को जगाया जा सकता है?...

सामाजिक परिवर्तन के मन्थन में लगातार टकराते-टूटते-बनते हुए भारतीय समाज के सामने मुँह बाए खड़ी एक भीषण समस्या का झुलसाता उद्घाटन है कन्यादान...

प्रस्तुत है विजय तेंडुलकर का छब्बीसवाँ नाटक कन्यादान।

—वसन्त देव

इस नाटक की प्रथम प्रस्तुति
अभियान द्वारा

10 सितम्बर 1985 को श्रीराम सेंटर नयी दिल्ली में हुई

मंच पर

पात्र	**कलाकार**
यदुनाथ देवलालीकर	एस.एम. जहीर
सेवा	सुचित्रा गुप्ता
ज्योति	वीणा मेहता
अरुण आठवले	सुभाष गुप्ता
जयप्रकाश	उमेश श्रीवास्तव
वामन सेठ	हरविन्दर सिकन्द
हमीर राव	जगदीश कानोजिया

निर्देशक

राजिन्दर नाथ

पार्श्व मंच

निर्देशन सहयोग	सान्त्वना
प्रकाश	सितांशु मुकर्जी
सेठ	अशोक भट्टाचार्य

पहला अंक

पहला दृश्य

[सुबह के दस-ग्यारह बजे का समय।
मध्यवर्गीय बस्ती की इमारत का एक पुराना ब्लॉक। छोटा-मोटा मगर साफ़-सुथरा दीवानखाना। दीवारों पर महात्मा गाँधी, आचार्य नरेन्द्र देव, यूसुफ मेहरअली और सारे गुरुजी के चित्र लगे हैं। विभिन्न भारतीय प्रदेशों का प्रतिनिधित्व करने वाली इनी-गिनी छोटी-बड़ी प्रदर्शनकारी वस्तुएँ इस तरह रखी गयी हैं कि फौरन ध्यान में आती हैं। दीवानखाने का कुल 'फील' शान्ति और दिलासा देता है।
साठ की उम्र की ओर बढ़ते हुए और फिर भी चुस्त दिखाई पड़ते नाथ देवलालीकर टेलीफ़ोन पर बात कर रहे हैं।
बीसी में चल रही ज्योति और कोई तेईस साल का जयप्रकाश नाथ के बच्चे हैं; ज्योति अपने पिता का सेक्रेटेरिअल वर्क कर रही है और जयप्रकाश घरेलू इस्तेमाल की मशीन खोलकर मरम्मत के काम में जुटा हुआ है।]

नाथ : *(फ़ोन पर लगभग चिल्लाकर)* हैलो...आसनगाँव वाली बस कै बजे चलती है? ...हैलो...आसनगाँव वाली बस ...पूना-आसनगाँव...हाँ-हाँ, पूना-आसनगाँव...कोई बस-सर्विस इस तरह की हई नहीं है? ...है कैसे नहीं? है...बस सर्विस है...चू, मैं बता रहा हूँ...मैं गया हूँ। हाँ,

आप ही की बस से...मैं नाथ देवलालीकर बोल रहा हूँ ...सदस्य, विधान-परिषद्...नमस्ते बाद में करिये, पहले बस छूटने का टाइम बताने का कष्ट कीजिए...कै बजे? ...*(परेशान होकर रिसीवर रख देते हैं।)* कट हो गया। अव्वल तो नम्बर ही नहीं मिलता था। मिला तो सुनाई नहीं पड़ता था। इन्हें खुद अपनी बस-सर्विसों का पता नहीं...और अब तो लाइन ही कट गयी! अजीब गोरख-धन्धा है। कहता है, वहाँ बस नहीं जाती! इसे जाने किसने कंट्रोलर बना दिया...

ज्योति : आप हर बार पूछते ही क्यों हैं? कोई सही-सही नहीं बताता, आप अनुभव से जानते हैं...और आप तभी जाते हैं जब निकल पाते हैं। आपकी बस भी आमतौर पर आपको लेके ही जाती है...

नाथ : बात वो नहीं...बात ये है कि इन लोगों को अपनी बस-सर्विसों तक का पता नहीं?

ज्योति : फ़ोन लगाके भी कहाँ पता चल जाता है?

नाथ : वो भी सवाल नहीं है...कंट्रोलर को अपने टर्मिनल से छूटने वाली हर बस का पूरा पता होना चाहिए। आखिर इसीलिए नियुक्त किया गया है न उसे?

ज्योति : भाई जी, आप तो ऐसे कह रहे हैं, दुनिया भर के लोगों को अपने कर्त्तव्यों की याद दिलाने की ड्यूटी पर आप ही को नियुक्त किया गया हो!

नाथ : ये जयप्रकाश जी जो हैं उन्होंने हमें नया नाम दिया ही है : दुनिया की मरम्मत करने वाले! पर तुम लोग बच्चे हो, नहीं समझ पाओगे। आज़ादी हासिल होने से पहले हमने इस देश के भविष्य की कौन सी तस्वीर देखी थी और आज क्या देखना पड़ रहा है! डिसगस्टिंग! दर्द होता है। *(ज्योति से)* तुमने हमारा नीबू पानीवाला थर्मस धोया कि नहीं? पिछली बार शेविंग का ब्रश यहीं रह गया...और...हाँ, गमछा! बगैर उसके कैसे काम चलेगा? दूसरे के यहाँ मेहमान बनके रहें और छोटी-मोटी चीजें माँगें, अच्छा नहीं लगता!

[अपने काम में जुटा हुआ जयप्रकाश कुछ बुड़बुड़ाता है।]

नाथ : क्या? क्या कह रहे हो?

[जयप्रकाश नहीं दुहराता। सिर्फ़ नाथ की ओर देखता है और मरम्मत के काम में लग जाता है।]

नाथ : कुछ-न-कुछ साला छूट जाता है। इस बारे में विनोबा की मिसाल गौर करने काबिल है...

जयप्रकाश : *(काम करते-करते)* जी, अब बहुत देर हो चुकी है।

[नाथ सवालिया चेहरा बनाकर देखते हैं।]

जयप्रकाश : मतलब वो बाल ब्रह्मचारी हैं न! इसीलिए कहा कि...

[काम में लग जाता है।]

नाथ : इससे ब्रह्मचर्य का ताल्लुक नहीं है जय, ये दिमाग की तालीम की बात है। अनुशासन होना चाहिए। और अनुशासन हमसे कोसों दूर रहा है। हमारे आचार्य जावडेकर कहा करें, नाथ है तो अक्लमन्द, मगर बेशऊर है।

[जयप्रकाश फिक् से हँसता है और हँसी दबा जाता है।]

नाथ : *(उसे देखकर)* खुलके हँसो, खुलके हँसो...

जयप्रकाश : मैं हँस नहीं रहा था। ये पेंच उखाड़ रहा था।

नाथ : अरे भई बच्चो, ये बताओ कि सेवाजी अहमदनगर से कब पधार रही हैं?

ज्योति : माँ कह रही थी कि अगर रैली कल दुपहर तक ख़त्म हो जायेगी तो कल रात तक या आज ग्यारह बजे तक आ जाऊँगी।

नाथ : हमें साढ़े बारह तक चल देना होगा।

ज्योति : तब तो आपकी भेंट होके ही रहेगी, ये पक्का!

नाथ : दो हफ्ते हो गये, आँख-मिचौली जारी है। वो महिलाओं के कैम्प के सिलसिले में बम्बई गयी हुई थी तो हम व्याख्यान के लिए यहाँ पूना में हैं। वो पूना आयी हुई है तो हम समानता-रैली में हिस्सा लेने औरंगाबाद गये हुए हैं।

जयप्रकाश : हम लोग हैं न दोनों, यहाँ। आपके मैसेज एक-दूसरे को पहुँचाने के लिए।

नाथ : वो ठीक है, मगर एक-दूसरे को मैसेज पहुँचाने का नाम गिरस्थी नहीं है। सहवास नाम की कोई चीज है कि नहीं? एः! बहुत भाग-दौड़ हो रही है। इसका भी कभी-न-कभी गम्भीरता से विचार करना ही पड़ेगा।

ज्योति : पर पहले भाग-दौड़ पर रोक लगानी पड़ेगी। दोनों को।

नाथ : सही बात! वो हमारी चूरन की बोतल रख दी है न, नहीं तो वही...

ज्योति : रख दी है।

नाथ : थैंक यू, थैंक यू। पेट साफ न हो तो भाषण-सम्बोधन सब दो कौड़ी का...कुछ नहीं सूझता।

[जयप्रकाश उठकर भीतर चला जाता है।]

ज्योति : *(पसोपेश में)* भाईजी, मुझे आपसे कुछ...

नाथ : कहना है। कहो न। किसने रोका है तुम्हें? हम अपने घर में भी डैमोक्रेसी चलाते हैं और हमें इस पर गर्व है। बाहर लोकशाही और घर में तानाशाही ऐसा दोहरा कारोबार हम नहीं जानते। आई एम ऑल इअर्स। बोलो। *(सुनने को तैयार होकर बैठ जाते हैं।)*

ज्योति : *(और पसोपेश में)* माँ...बस आती ही होगी। आप दोनों से...कुछ...बात करनी थी। कुछ अपने बारे में...

नाथ : शुरू करो...बोलो।

ज्योति : बोलो कैसे? आप दोनों हों तो...तभी तो

नाथ : अच्छा। *(हँसकर)* अच्छा-अच्छा, सेवा आ ही रही होगी... *(घड़ी देखकर)* कितना टाइम लोगी? आधा घण्टा?

ज्योति : पन्द्रह मिनट।

नाथ : बस...? दिस। तुम्हारी माँ का ज़िम्मा तुम पर...अगर वो देर करे तो फिर...

ज्योति : पिछले पन्द्रह दिनों से मैं अपने से कह रही हूँ कि आप दोनों से कहूँ।

नाथ : लगता है, काफी तैयारी की है!

ज्योति : आप लोग एक साथ मिलें, तब तो...

नाथ : ये सच है। ऐसा कभी हो ही नहीं पाता कि तुम बच्चों के साथ हम लोग बैठें, बातें करें...और ये बुरी बात है।

ज्योति : वाह, ये भी आप ही कहते है। हमारे कहने के लिए भी तो कुछ बाकी रखिये।

[जयप्रकाश जल्दी-जल्दी शर्ट पहनता हुआ आता है। और बाहर वाले दरवाज़े की तरफ बढ़ता है।]

जयप्रकाश : माँ आ गयी...सामान उठा लाऊँ... *(दरवाज़ा खुला रखकर बाहर चला जाता है।)*

नाथ : वक़्त से आयी हैं... *(उठते हैं अपेक्षा से।)*

[ज्योति खुले दरवाज़े तक जाकर खड़ी हो जाती है।]

ज्योति : *(सेवा के प्रवेश करते ही उससे लिपटकर)* माँ...!

[नाथ देख रहे हैं।]

सेवा : *(ज्योति की पीठ थपथपाते हुए नाथ की दिशा में देखकर)* मुझे लगा आप जा चुके होंगे!

नाथ : तुम्हारे अपेक्षा-भंग के लिए क्षमा चाहता हूँ; बस डेढ़ बजे चलती है।

सेवा : अच्छा-अच्छा। बस देर से छूटती है इसलिए रुके हैं आप!

नाथ : बिल्कुल! वर्ना ये नाथ उनमें से नहीं जो एक अदद नाचीज़ बीवी का इन्तज़ार करें! बीवी से बड़ी है देश की पुकार! *(खुद हँसते हैं।)*

[जयप्रकाश सामान लेकर आता है और भीतर की ओर चला जाता है।]

सेवा : देश की पुकार नहीं नाथजी, भाषण ठोकने की लत कहिए।

नाथ : मंजूर। हमको भाई अपनी आवाज़ सुनना अच्छा लगता है, इसमें कोई शक नहीं।

ज्योति : और ये बुरी बात है, कहिए! कहिए न! बुरी बात करने वाले भी आप और बुरी बात कहने वाले भी आप...और कहें मैं डेमोक्रेटिक हूँ।

सेवा : इनकी डेमोक्रेसी कोई हमसे पूछे तो बताएँ। नाथजी अगर डेमोक्रेटिक होते तो मैं इनकी पत्नी क्यों होती?

नाथ : नो। तुम्हें अपने बारे में फैसला करने की पूरी आज़ादी थी।

सेवा : थी। लेकिन मैं इनकार कर देती तो जनाब मूँड मुड़ाकर हिमालय की दिशा में चले जाते!

नाथ : वो मेरा फ़ैसला होता। तुम कौन...

सेवा : नाथजी, इसे अंग्रेजों की भाषा में 'ब्लैकमेलिंग' कहते हैं।

नाथ : आक्खाह! जैसे आप हमारी धमकियों से डरकर शादी करने पर राज़ी हुई हों।

सेवा : अच्छा? तो क्या मैं ऐसे ही तैयार हो गयी थी? खुशी-खुशी?

नाथ : एक बात बताएँ ज्योति...उस ज़माने के एक-दो बड़े ही होनहार लीडर लोग इनमें इन्टरेस्टेड थे। मैं ठहरा, उनकी तुलना में, थर्ड या फोर्थ रैंक वर्कर। मगर साब, हमीं चुने गये।

ज्योति : *(नाथ के लहज़े में)* और ये बुरी बात है!

[सब लोग हँसते हैं। जयप्रकाश भीतर से पानी का गिलास लेकर आता है और सेवा के सामने खड़ा हो जाता है।]

सेवा : *(पानी पीकर)* तब ऐसा लगा था कि आदमी ये 'ठीक' ही है। आगे चलकर मन्त्री-वन्त्री बन सकता है। बन ही जाये तो ज़रा इतराने का मौका मिले। मगर टाँय-टाँय फिस्स! इत्ती बड़ी जनता पार्टी की सरकार बनी मगर ये रहे अपने आर्डिनरी एम.एल.ए.!

नाथ : ठहरो-ठहरो, हमारी सोशलिस्ट सरकार बनने दो फिर देखना। हैं कौन, दूसरे, कुर्सी लेने वाले?

जयप्रकाश : *(ज़रा धीमे स्वर में)* तेरे-मेरे सपने!

नाथ : हाँ-हाँ, सपने! हम चमत्कार में विश्वास करते हैं। *(याद आते ही घड़ी देखकर)* माई गॉड! *(सेवा से)* सेवा, ये ज्योति है न, इसे हम लोगों से कुछ कहना है। हम लोगों से यानी तुमसे और मुझसे। और हम लोग हैं कि एक साथ इन बेचारों से मिल नहीं पाते। इसीलिए आज ज्योतिजी ने हमसे अपॉयण्टमेण्ट ले रखा है। पन्द्रह मिनट का...*(ज्योति से)* पन्द्रह ही न...? हम लोग उससे बात करेंगे। सॉरी। उसकी बात सुनेंगे। *(ज्योति से)* है न? हाँ। तो अब *(सेवा से)* सेवाजी, आप यहाँ पन्द्रह मिनट

शान्ति से बैठ जायें। मैं *(कुर्सी पर बैठकर)* यहाँ बैठा हूँ। *(जयप्रकाश को देखकर)* और ये साहब? *(ज्योति से)* इन्हें यहाँ रहने दें?

जयप्रकाश : मैं चाय का इन्तज़ाम करता हूँ। *(भीतर चला जाता है।)*

नाथ : *(ज्योति से)* फायर! (सेवा से) हाऊ वाज़ द महिला रैली? औरतें अच्छी थीं? आई मीन, रिसेप्टिव थीं न?

सेवा : सब तो नहीं थीं पर तीन-चार ज़रूर थीं। सीरियसली भाग ले रही थीं। लगा कि रिसेप्टिव हैं।

नाथ : तो तीन-चार थीं! नॉट बैड! हमारे कार्यकर्ताओं के कैम्प में सभी पचास के ऊपर, यानी बुड्ढे। नवयुवकों में हमारे वामन बर्वे। उम्र चालीस साल। और गाना? 'क्रान्ति का झण्डा उठाओ साथियो!' काहे का क्रान्ति का झण्डा! पहले तो उठाते ही न बने। और उठा भी लें तो वज़न न झेलते बने! स्लिप डिस्क हो जाये।

[ज्योति खड़ी है, सुन रही है।]

नाथ : *(ज्योति से)* येस? तुम खड़ी-खड़ी क्या देख रही हो? ओहो हो..आई एम सॉरी। नहीं-नहीं, सॉरी मतलब एकदम सॉरी, सच ज्योति। हमसे गलती हो गयी। *(सेवा से)* हम लोग इसकी बात सुनने बैठे थे और हमीं...*(ज्योति से)* ज्योति बेटा, वी एपोलोजाइज़। नाऊ यू स्टार्ट...

सेवा : *(उठकर)* मैं ज़रा मुँह-हाथ धोके आऊँ? सफर में थी... अभी आयी...

नाथ : *(सेवा का हाथ पकड़कर रोकते हुए)* नो! नो का मतलब नो। मेरे जाने का टाइम हो जायेगा तो बिचारी को फिर हमारी राह देखनी पड़ेगी। तुम नहीं जाओगी। वी लिसन टु ज्यो। *(ज्योति से)* शुरू हो जाओ।

ज्योति : नहीं-नहीं! माँ चाहे तो मुँह-हाथ धो ले...

नाथ : नहीं! पहले हम तुम्हारी बात सुनेंगे, उसके बाद बाकी बातें! दुनिया भर के लोगों की खातिर हम इतना सारा करते हैं और अपने ही लाड़लों के लिए हमारे पास समय नहीं? बी शुड् वी एशेम्ड कि हम अपने को तुम्हारे माँ-बाप कहें!

सेवा : बैठी तो हूँ बाबा...बेकार बड़बड़ाके वक़्त बरबाद कर रहे हो। अब ज़रा सुनो। बोलो ज्योति।

ज्योति : *(फिर पसोपेश में)* पता नहीं वो इतना ज़रूरी भी है कि नहीं...मुझसे खुद ही तय नहीं करते बन रहा है...मतलब ...मैंने ब्याह करने का निर्णय किया है...

नाथ : *(उत्साह से)* कांग्रेचुलेशन्स!

सेवा : *(आश्चर्य से)* निर्णय...!

नाथ : *(सेवा से)* क्यों? निर्णय किया है तो तुम्हें एतराज़ क्यों? शी इज़ अ मेजर नाऊ। बच्ची नहीं रह गयी है।

सेवा : मैंने कब कहा कि बच्ची है? मुझे लगा कि...

नाथ : क्या लगा?

सेवा : मैंने उम्मीद नहीं की थी न...

नाथ : आपकी जवान बेटी क्या जनम भर...

सेवा : *(परेशान होकर)* हर सीधी बात का उल्टा मतलब निकालते हो तुम...

नाथ : इसीलिए राजनीति में अब तक टिक पाया हूँ!

सेवा : घर में अपनी राजनीति मत घुसेड़ो। बच्ची क्या कह रही है, सुनो।

नाथ : वही कर रहा हूँ मैं। तुम्हीं उल्टे बहस कर रही हो। *(ज्योति से)* हाँ। आगे बढ़ो बेटे। कौन लड़का है? वो शहज़ादा कौन है?

[जयप्रकाश चाय की ट्रे लेकर आता है।]

सेवा : *(जयप्रकाश से)* जयप्रकाश जी, आप भी तशरीफ रखिये। गुड न्यूज़। हमारी ज्यो ब्याह कर रही है। ज्योति, तू बता भाई कि वो कौन है। ज़्यादा मती तान।

[सेवा गम्भीर हो गयी है।]

ज्योति : *(परेशान भी और गम्भीर भी)* उसका नाम है अरुण आठवले।

नाथ : *(जैसे हवा निकल गयी हो)* ब्रहमन है?

ज्योति : नहीं, दलित है।

नाथ : *(उत्साह से)* मार्वलस! पर नाम से तो लगा, ब्रहमन है।

जयप्रकाश : ब्रहमन ही होता तो क्या होता?

नाथ : होता क्या? मगर मेरी बेटी अगर ऊँची जात में ब्याह करने का फैसला करती तो वो मुझे ज़्यादा अच्छा न लगता...भई, साफ-साफ कह रहा हूँ।

जयप्रकाश : ये एक अपनी किसम का जातिवाद हुआ...नहीं हुआ?

सेवा : *(गम्भीरता से)* तू चुप रह प्रकाश। *(ज्योति से)* क्या करता है वो? कहाँ रहता है?

ज्योति : यहीं, पूना में। बी.ए. के टर्म्स पूरे कर रहा है। पार्ट टाइम सर्विस करता है 'श्रमिक समाचार' में।

सेवा : कहाँ मुलाकात हुई थी?

ज्योति : समाजवादी विचार-मण्डल में। कोई दो महीने से वहाँ आता रहा है।

सेवा : माँ-बाप क्या करते हैं उसके?

नाथ : आई ऑब्जेक्ट टु दिस क्वेश्चन। माँ-बाप कुछ भी करते हों या कुछ भी न करते हों, हमारा सम्बन्ध लड़के से है।

सेवा : मैं लड़के के सम्बन्ध में ही पूछ रही हूँ।

ज्योति : माँ-बाप देहात में रहते हैं। कराड़ के पास चिरोली नाम का देहात है। वहाँ उनकी थोड़ी-बहुत ज़मीन है।

सेवा : बच्चे कित्ते हैं उनके?

ज्योति : सात। अरुण दो नम्बर का है।

सेवा : *(अर्थवान निस्तब्धता तोड़कर)* बड़ा भाई क्या करता है?

ज्योति : असल में...कुछ नहीं करता।

सेवा : क्यों?

ज्योति : वो ऐसेई है, अरुण कह रहा था। पिता खेती करते हैं, लेकिन पूरा नहीं पड़ता। अरुण को हर माह रुपया भेजना पड़ता है।

सेवा : और जो भाई हैं, वो क्या करते हैं?

ज्योति : जब बन पड़ता है तब स्कूल में पढ़ने जाते हैं। सच तो ये है कि वो भी कुछ नहीं करते।

सेवा : कर्ज़ा भी होगा ही?

ज्योति : होगा, मेरे ख़याल में। कितना है, मैंने नहीं पूछा।

सेवा : तो सारी ज़िम्मेदारी अरुण के मत्थे ही है।

ज्योति : हाँ।

नाथ : उस वाले तबके की प्रतिनिधि तस्वीर है। और क्या रक्खा है!

सेवा : तुम मुझे बोलने भी दोगे कि नहीं?

नाथ : मैंने मना किया है क्या?...पर दलित-समाज का लड़का है तो...

सेवा : मुझे अनाड़ी समझते हो? क्या जानती नहीं? *(नाथ के मौन साध लेने पर ज्योति से)* तुम उसे कितने दिनों से जानती हो?

ज्योति : यही कोई दो महीने से।

सेवा : लड़का बुद्धिमान है?

ज्योति : है, लेकिन असामान्य वगैरा नहीं है। कविता बढ़िया लिखता है। मुझे उसकी कविताएँ ही अच्छी लगीं।

नाथ : लीजिए। इस जाति के लड़के जनम से कविता लिखने की प्रतिभा रखते हैं मानो।

ज्योति : आजकल आत्मकथा लिख रहा है। मैंने कुछ हिस्सा पढ़ा है। लगा, कि उसकी खुशी की खातिर कुछ भी कर सकती हूँ।

नाथ : वाह ज्योति...

सेवा : *(नाथ से)* आप ज़रा चुप रहेंगे? *(ज्योति से)* उसका सुझाव?

ज्योति : सद्‌गुणों का पुतला तो मैं नहीं कहूँगी उसे, लेकिन कोई बुरा अनुभव नहीं है, आज तलक जितना भी है।

सेवा : भरोसे काबिल है?

नाथ : माई ऑब्जेक्शन! भरोसे काबिल न होता तो मेरी बेटी ने उसे कैसे चुना होता? दलित है वो तो क्या उसके बारे में...

सेवा : उसके दलित होने का इससे कोई सम्बन्ध नहीं। मुझे इतना ही जानना है कि उसका विश्वास किया जा सकता है या नहीं। जरा-सी बात है।

ज्योति : मुझे लगता है कि किया जा सकता है। उसकी कविताओं ने और उसकी आत्मकथा ने मुझे उसका पूरा विश्वास दिलाया है।

सेवा : इतनी-सी पूँजी के बल पर तुमने उसके साथ ब्याह करने का फैसला भी कर लिया?

नाथ : आपको था हम पर खालिस विश्वास ब्याह से पहले? हम लोग आन्दोलन में भाग ले रहे थे, इससे ज़्यादा क्या था?

सेवा : वो बात और थी। मैं तुम्हें बराबर देखती आ रही थी। तुम तब और अब को लेकर गफलतबाज़ी मत करो। *(ज्योति से)* ज्योति, मेरे ख़याल से तुम जल्दबाज़ी कर रही हो। पूरे दो माह तक नहीं हुए तुम लोगों की जान-पहचान हुए। उसके बारे में तुम्हें पूरी-पक्की जानकारी तक नहीं है। और जो है, वो भी कोई उत्साह बढ़ाने वाली नहीं है...

नाथ : लिहाज़ा दो-चार साल रुको, कम-से-कम! माइन्यूटेस्ट जानकारी हासिल करो! जानकारी का गहन अध्ययन करो! उसके बाद ब्याह का विचार करो! नॉन्सेन्स!

जयप्रकाश : नॉन्सेन्स क्या है साब इसमें? ब्याह आखिर ज़िन्दगी-भर का गठबन्धन है।

नाथ : किसी को देखना और देखते ही दिल में बसा लेना क्या चीज़ होती है, आपको इसका तजरबा है जयप्रकाश जी? ...अरे ये पोथा पढ़-पढ़के समझ में आने वाली बात न हीं है, ये बात है मन के तार बज उठने वाली, यहाँ बजता है, वहाँ गूँजता है!

जयप्रकाश : ज्योति तो नहीं कह रही है कि मन के तार-तार बज उठे थे।

नाथ : ऐसा ही हुआ होगा। क्यों ज्योति?

[ज्योति सिर हिलाकर इनकार करती है।]

जयप्रकाश : *(नाथ से)* ज़रा मुलाहिज़ा हो!

नाथ : तुमने प्रेम नहीं किया?

ज्योति : पता नहीं। अरुण ने पूछा था, मेरे साथ ब्याह करने का ख़याल भयानक नहीं है? मैंने कहा, भयानक क्यों हो? उसने कहा, तुम्हें ऐसा नहीं लगता कि मैं एकदम निकम्मा आदमी हूँ? मैंने कहा, नहीं तो। उसने कहा, ताज्जुब है।

फिर कहा, तो मेरे विचार में हम लोग ब्याह कर ही लें। मैंने हामी भर दी।

नाथ : *(जैसे अपेक्षाभंग हुआ हो)* तुम्हारे दिल में सैलाब वगैरा नहीं उठा? *(ज्योति के सिर हिलाकर इनकार करने पर)* तुम्हारी नसों को सतरंगे सुरों ने नहीं छुआ? *(उसके सिर हिलाकर इनकार करने पर)* निगूढ़ संवेदनों की आँधी...? *(वह फिर इनकार करती है।)*

ज्योति : मुझे खुद अचरज होता है। ऐसे ही लगा जैसे कोई पूछे, चाय पियेंगे? ...बाद में मुझे ही सब झूठ-मूठ लगता रहा था।

सेवा : *(गम्भीर होकर)* ज्योति, ज़िन्दगी-भर का फैसला करते समय खेल नहीं किया करते।

ज्योति : मैं काफी कुछ गम्भीर थी, माँ।

सेवा : कह सकती हो कि तुमने समझदारी का काम किया?

ज्योति : लगता तो है; लेकिन ऐसा भी लगता है कि निरा गधापन किया।

सेवा : तुमने जल्दबाज़ी की। ज्योति...

नाथ : ये जो तुम फैसला दे रही हो, वो जल्दबाज़ी नहीं है? हम लोगों ने अभी तक ये भी नहीं देखा है कि लड़का गोरा है या काला...

[सेवा नापसन्दगी ज़ाहिर करती है।]

नाथ : ये झूठ है? बोलो।

ज्योति : मैं उसे यहाँ बुलाऊँगी, जब आप लोग खाली हों...

सेवा : आयेगा तो दिख ही जायेगा। लेकिन ब्याह करते समय लड़की को इतना तो कम-से-कम देखना ही चाहिए कि लड़का पाँव जमाकर खड़ा है या नहीं। जीने के अपने-अपने तरीकों में मेल बैठना चाहिए...गिरस्थी है आखिर...

नाथ : अगर संकल्प कर लें तो जीने का तरीका बदलना कोई बड़ी चीज़ नहीं है। और पाँव जमाकर खड़े रहने का आदर्श हर आदमी का अलग हो सकता है। वो बी.ए. कर ही रहा है। पाँव क्यों नहीं जमा पायेगा?...

सेवा : क्यों का क्या सवाल है? ये भी तो देखो कि उसकी आर्थिक ज़िम्मेदारियाँ क्या हैं...

नाथ : अगर नहीं उठा पायेगा ज़िम्मेदारियाँ, तो हमारी ज्योति काम करेगी, रुपया कमायेगी। वो कोई घरघुसनी हाउज़वाइफ नहीं है...

सेवा : *(कुछ चिढ़कर)* पर लड़के को बिना देखे तुम उसकी वकालत क्यों कर रहे? ज्योति के ब्याह की जल्दी तुम्हें क्यों?

जयप्रकाश : भाई जी, ये भी सही है...

नाथ : ठीक है। मेरी बस का टाइम हो गया। मैं चलता हूँ। ...तो क्या प्रस्ताव पास किया है हम लोगों ने? जब तक लड़के से भेंट नहीं होती तब तक राह देखेंगे। मगर राह देखने के बाद क्या करेंगे? *(ज्योति से)* तुम फैसला कर ही चुकी हो। कर चुकी हो न?

सेवा : उस पर आगे भी सोचा जा सकता है...

ज्योति : पता नहीं। मगर मैं आप लोगों की राय जानना चाहती हूँ। सच तो ये है कि पहले ही जान लेनी चाहिए थी, लेकिन ये सब अचानक ही हो गया न...

नाथ : कोई बात नहीं ज्यो, डोण्ट वरी। हम लोग तो हैं! प्रकाश, चलो भई बैग उठाओ, रिक्शा देखें...

[दोनों भीतर चले जाते हैं।]

सेवा : *(ज्योति से)* मुझे इसकी चिन्ता नहीं कि वो दलित है। तुम जानती हो कि मैं और नाथ दोनों छुआछूत के खिलाफ जाने कब से, निष्ठा से, लड़ते चले आ रहे हैं। सवाल वो नहीं है। पर तुम्हारे जाने का एक तरीका बन चुका है। एक खास तरह के संस्कारों में तुम पली हो। इन सबको चौबीस घण्टों में मिटा दो या बदल दो, ऐसा नहीं हो सकता। उसका ढर्रा और है, शायद तुम निभा न पाओ...

ज्योति : मैं निभा लूँगी, माँ।

सेवा : कहना आसान है, करना बहुत मुश्किल। ...और बाद में औरत के लिए छिपने या भाग जाने का रास्ता भी नहीं रह जाता...

ज्योति : मैं भाग जाऊँगी ऐसा तो नहीं लगता मुझे।

सेवा : अच्छी तरह सोच लो और फिर फैसला करो। मेरी तो यही राय है।

ज्योति : मैं समझती हूँ माँ, जो तुम कह रही हो...लेकिन जो हुआ वो कैसे हुआ ये मैं भी नहीं जानती। आज अचरज होता है, और सोचती हूँ तो उसकी गम्भीरता ध्यान में आती है।

सेवा : ये तो कोई समझदारी की चीज नहीं है...

ज्योति : वही तो। नहीं ही है। लेकिन ये भी सच है कि निर्णय...

सेवा : बदला जा सकता है...

[ज्योति कुछ कहना चाहती है। इतने में नाथ और जयप्रकाश बैग वगैरा लेकर भीतर से आते हैं।]

नाथ : अच्छा भई टा-टा! हम चले। *(सेवा से)* आप कितने दिन इस घर की शोभा बढ़ाएँगी?

सेवा : हफ्ते भर यही हूँ; कहीं नहीं जाना है। तेरह को बम्बई में हमारे विद्यावर्धिनी ट्रस्ट की मीटिंग है।

नाथ : दैट्स वंडरफुल! मुझे अपना सारा काम निपटाने के लिए पूरा समय देते बनेगा। नरसों शाम तलक लौट आऊँगा। आते ही एक मीटिंग में जाना है। बाई देन...कॅरी ऑन ज्यो...

[बाहर जाते हैं। उनके पीछे जयप्रकाश बैग लेकर जाता है।]

सेवा : *(काफी गम्भीर होकर)* एक बात पूछें ज्योति?

[ज्योति इशारे से 'हाँ' कहती है।]

सेवा : किस हद तक दोस्ती बढ़ाई है तुमने उससे? ...ज़रा साफ-साफ कहूँ तो...कहाँ तक करीब आना हुआ है तुम्हारा?

ज्योति : नहीं, वैसी कोई बात नहीं है माँ! हम लोग मिलते हैं, बातें करते हैं, बस्स!

[सेवा राहत की साँस लेती है। फिर भी पसोपेश में।]

सेवा : अच्छा, मैं सामान रख दूँ। आयी हूँ तब से बैठी ही हूँ...

ज्योति : माँ, मैंने तुम्हें बहुत तकलीफ तो नहीं पहुँचाई?

सेवा : हँ ऽ पगली...माँ को नहीं तो किसे तकलीफ देगी तू...? पर सच, मुझे मेरी चिन्ता है...

ज्योति : सॉरी माँ। तुम्हारे और भाई जी के पीछे ऐसे भी उलझनें लगी रहती हैं...उसमें एक और, मेरी भी...

सेवा : *(उसे थपथपाकर)* बावली है तू...तुम बच्चे हमारे लिए बोझ थोड़े ही हो।

[ज्योति भीतर चली जाती है।

सेवा कुछ पल व्यग्र होकर खड़ी रहती है। टेलीफ़ोन की घण्टी बज उठती है। पहले तो सेवा के ध्यान में नहीं आता। फिर वह रिसीवर उठाती है। फ़ोन पर बात करती है।]

सेवा : हैलो? कौन कुसुम? बोलो, क्या बात है? महिलाएँ खाली बैठी हैं? वो गोदरेज वाला ऑर्डर पूरा किया? ...अच्छा, ज़रा मेहता कम्पनी के मैनेजर को फ़ोन कर देखो। कहना, कुछ तो काम दीजिए, महिलाएँ खाली हैं। ...हाँ, उन्हें जानकारी है हमारे काम की। बहकेगा पहले, नाराज भी होगा, मगर काम दिलवायेगा... *(ज़रा रुककर)* सुन्दरबाई के बारे में सोचना ही पड़ेगा...उसका बरताव सलीके का नहीं है...

[सेवा के फ़ोन पर बात करते-करते क्रमशः अँधेरा।]

दूसरा दृश्य

[शाम का समय।

वही दीवानखाना। दीवानखाने में कोई नहीं है। बाहर वाला दरवाज़ा लंच-की से खुलता है। ज्योति भीतर आती है। उसके पीछे अरुण आठवले आता है। उम्र चौबीस-पच्चीस की। वर्ण काला। चेहरे पर उग्रता, फिर भी सुदर्शन।

दोनों भीतर आते हैं तब ज्योति दरवाज़ा लगा देती है।

दरवाज़ा बन्द हो जाने और मकान में सिर्फ़ दोनों के होने का एहसास ज्योति और अरुण, दोनों को है। अनजाने एक-दूसरे को देखते हैं। दोनों किंकर्त्तव्य।]

ज्योति : *(प्रकृतिस्थ होकर)* बैठो, बैठो न। सब लोग अपने-अपने काम से गये हैं। आते ही होंगे।

[अरुण सोफे की दिशा में जाता है। बैठ जाता है। उसके दिमाग पर बोझ है।]

ज्योति : जयप्रकाश...मेरा बड़ा भाई...एम.एससी. कर रहा है। तकरीबन पाँच बजे लौटता है। माँ साढ़े पाँच के लगभग आयेगी। बता रही थी। भाई जी घर पर रहने वाले थे, शायद कहीं जाना पड़ गया हो। *(इधर-उधर देखती है और उसे चिट मिल जाती है।)* चिट रख गये हैं। साढ़े पाँच तक पहुँचता हूँ, पर उनका भरोसा नहीं। साढ़े छह तक भी लौट आयें तो गनीमत है। लेकिन आज लौटेंगे ज़रूर। तुमसे मिलने की उत्सुकता जो है उन्हें। तुम बैठो, मैं अभी आती हूँ मुँह-हाथ धोके... *(चल देती है।)*

अरुण : जोति...

ज्योति : *(रुक जाती है।)* क्यों?

अरुण : तुम यईं बैठो ना।

ज्योति : *(उसकी ओर बढ़ते हुए)* आ तो रही हूँ...

अरुण : बड़े मकानों का अपन भरोसा नईं कर पाते...

ज्योति : भरोसा नहीं कर पाते? पर ये मकान बड़ा थोड़े ही है।

अरुण : हमारे बाप की झुपड़िया देखोगी तबी समज पाओगी। आठ इन्टू दस की उस झुपड़िया में हम दस-दस किल्ले-पिल्ले रैते थे। जाड़े में एक-दूसरे के बदन की गर्मी साथ दिया करे। बदन पै नईं कपड़ा, पेट में नईं रोटी, मगर भै कोसों दूर रा करे। याँ सेहेर बालों के मकान ऐसे, जैसे मगरमच्छ का पेट होए साला...औ' उसमें हरेक आदमी इकेला।

ज्योति : हमारे घर में ऐसा नहीं है।

अरुण : कल रात को निखिल के संग होष्टल में डले थे अपन। डालेक्टिकल मेटीरियलिज्म समजा रा था बो। अबेर हो

गयी सो बोला, यईं पाँव पसारो डिअर। बो तो फट्टसैनी सो गया, मगर अपन जगते रए। आँ झपकतेई कऔ घर निगल जाय तौ? क्या भरोसा?

ज्योति : चलो-चलो, ऐसा होता है कहीं! गाँव-देहात से पूना आये कितने सारे साल हो गये तुम्हें...और इस वक़्त रात नहीं, अच्छा-खासा दिन है।

अरुण : उससे क्या फर्क पड़ता है! ये बड़े-बड़े मकान हैंई मगरमच्छ जैसे, जब चाएँ निगल जायें।

ज्योति : अजीब बात है। कोई चोरों से डरता है, कोई डाकुओं से, कोई भूत-परेत से। मगर घर का कैसा डर? उल्टे, ज़्यादा महफ़ूज़ महसूस होता है।

अरुण : अपन को तो सड़क पै मैफूज मैसूस होता है। सड़क पै जित्ती भीड़, उत्तई अपन निर्भै! सीमेंट-कंकरीट की बनी दीवारों से घिरतेई दिल दैलता है अपना। मन करता है, उठ, भाग, भीड़ में खो जा।

ज्योति : अच्छा, चाय की पतीली चढ़ाके अभी आयी...

अरुण : मती चढ़ाओ।

ज्योति : तो क्या करूँ?

अरुण : याँ बैठो, हमारे पास।

ज्योति : अच्छा, ऐसा करते हैं। मैं चाय बनाती हूँ, तुम किचन में बैठके गप्पें लड़ाना। चलो।

अरुण : नईं। किचिन में बैठके गप्पें लड़ाने वाले मरद असल में जनाना होते हैं। अपन यईं बैठेंगे। तुम यईं बैठो।

ज्योति : *(कुछ दिग्मूढ़ होकर)* अच्छा।

अरुण : तुमें अचरज हो रा होएगा। येई लग रा होएगा के कैसा घनचक्कर आदमी है!

ज्योति : नहीं तो।

अरुण : ये बी लगता होएगा के बोर है साला।

ज्योति : ऐसा क्यों कहते हो?

अरुण : ऐसेई होएगा। क्योंके अपना येई ढर्रा है। महतराना ढर्रा है अपना।

ज्योति : ऐसा मत कहो अरुण...

अरुण : चूतड़ पै चिन्दी लटकाए हमारे दादा-परदादा नंगे पाँवों कोसों चक्कर लगाया करें धूप में, मेंह में, दिन होए चाए रात...'जुहार माई-बाप!' चिल्लाते हुए गूमा करैं...औ उनकी पुकार बाँभनों के कान को भिरस्ट कर दिया करे साली...

ज्योति : अरुण...

अरुण : पेट को लत साली भीक में मिली बासी-चिमड़ी रोटी खाने की, पीढ़ी-दर-पीढ़ी! मुर्दा ढोर का गोस्त सुआद ले-लेके खाया करे हमारी जीब? तुमारी बिना सिकुड़नबाली टिनोपाल ज़िन्दगी में अपन फिटी नईं हो सकते। सौंधी, घी-चुपड़ी गेहूँ की रोटी बाली तुम्हारी संस्क्रीती से हमारी संस्क्रीती का क्या लेना-देना?

ज्योति : अरुण...

अरुण : मेरे से सादी करके मेरे बाप की झुपड़िया में बुसी दाल के संग बासी रोटी खा सकोगी तुम? बिना कै किए? बोलो जोती, मेरी माँ के संग हमारी बस्ती की हगरौटी में रोज-रोज टट्टी फिर सकोगी तुम? अपनी भैंस के वास्ते दर-दर पै गिड़गिड़ा के भीक माँग सकती हो तुम? बोलो, बोलो अब...

[ज्योति हाथ से मुँह ढक लेती है।]

अरुण : सादी करने चली है हमारे संग! राष्ट्र सेवा दल की समदान की छागुनी नईं है हमारी ज़िन्दगी। हमारी ज़िन्दगी, नरक है नरक! ज़िन्दगी नाम का नरक!

[ज्योति सिसक रही है।]

अरुण : सोरी! खोपड़ी आउट हो गयी अपनी। ऐसई होता है। तुमारे लिए ये नया होयगा। कबी-कबी आग भड़कती है के जलाके खाक कर दूँ दुनिया को। गला घोंट दूँ, बलात्कार करूँ। खून पी जाऊँ ऊँची जात नाम के दरिन्दे का...फिर मैं ई ठण्डा पड़ जाता हूँ। ओझा के माफिक, जो देओता की सवारी उतरतेई लुंज-पुंज हो जाता है। मुर्दा बनके जीता रैता हूँ। तुमको तकलीफ दी, माफ करना। अपन हैंई तकलीफ दे...

[ज्योति का सिसकना बन्द हो गया है, पर अभी तक मुँह छिपाये हुए है।]

अरुण : बोला ना, माफ करो। कोई आ जाये तो कहन लगेगा, जाने क्या किया साले ने। धक्का मारके निकाल बाहर कर देंगे। अपना कुछ नई जानेवाला। सादी, तुम्हारीई फिस्स हो जायेगी। चलेगा क्या?

[ज्योति हाथ हटाकर आँसू पोंछती है।]

अरुण : हँसी रे हँसी! एक बाँभनी फँसी! *(ताली बजाकर हँसता है।)*

[ज्योति हँसती है।

लॅच-की की मदद से दरवाज़ा खोलकर जयप्रकाश प्रवेश करता है। देखता है और संकोच से भर उठता है। दरवाज़ा बन्द कर देता है।]

ज्योति : *(दरवाज़ा बन्द होने की आवाज़ सुनकर ध्यान जाता है।)* कौन? जयप्रकाश?

[जयप्रकाश का संकोच नहीं मिटा। वह भीतर जाने लगता है।]

ज्योति : ठहरो ना ये अरुण है। *(अरुण से)* मेरा भाई जयप्रकाश।

[अरुण और जयप्रकाश औपचारिक नमस्ते करते हैं। ज्योति को देखकर जयप्रकाश जान गया है कि वह रो रही थी।]

जयप्रकाश : *(भीतर की ओर जाते हुए)* अभी आया। *(जाता है।)*

ज्योति : *(आँख पोंछकर हँसते हुए)* जाने क्या सोचा होगा उसने...

अरुण : येई के हमने तुमें मारा।

ज्योति : *(कुछ लाड़ में आकर धीमे सुर में)* जा जा! बड़ा आया मारने वाला!

अरुण : क्यों? क्यों? तुमें मारना मुस्किल है क्या?

ज्योति : मैं कोई 'हाय दइया' वाली लड़की नहीं हूँ...सेवा दल में जाती हूँ...

[इससे पहले कि ज्योति को कोई एहसास हो अरुण उसकी बाँह पकड़कर मरोड़ता है। ज्योति दर्द से कराहती है। दर्द से ज़्यादा शॉक। अरुण यह हरकत

पल भर में करता है। ज्योति नहीं समझ पाती कि कौन-सा रुख ले। वह घबरा गयी है, दुखी हो आयी है। रुआँसी भी। फूँक मारकर दर्द कम करने की कोशिश करती है।]

अरुण : सोरी जोती...जाने कैसे हो गया...एकदम सोरी। जो चाए सज़ा देओ...मंजूर...मगर कोई चेलेंज़ करे तो अपन होस खो बैठते हैं...ज़्यादा लगा क्या? देखें...

[लॅच-की से दरवाज़ा खोलकर आयी हुई सेवा यह तमाशा देखती है। दोनों सेवा को देखते हैं। ज्योति अपने को सँभालती है।]

ज्योति : माँ, तुम आ गयीं? ये अरुण है...अरुण, मेरी माँ।

[अरुण सेवा को नमस्ते करता है। अरुण को देखकर सेवा प्रसन्न हुई हो, ऐसा नहीं जान पड़ता। अरुण भी सिकुड़ा हुआ।]

ज्योति : माँ, प्रकाश अभी हाल आया है...भीतर है...

सेवा : *(आगे बढ़कर)* बैठिए खड़े क्यों हैं? ज्योति, नाथजी बाहर कब गये? कह रहे थे, नहीं जायेंगे। कब तक लौटेंगे?

ज्योति : *(अभी तक पूरी तरह सँभल नहीं पायी है।)* हमारे आने से पहले ही जा चुके थे। चिट रख गये हैं, साढ़े पाँच तक आता हूँ, लिखा है। ये है। *(चिट ढूँढ़ती है। वह एकदम नहीं मिलती।)*

सेवा : *(ज्योति की हैरानी देखकर)* रहने दो।

ज्योति : नहीं। वक़्त ही नहीं मिला। *(पल भर सेवा की आँख से आँख मिलती है। फिर आँख हटाकर दूसरी ओर देखती है। सेवा को पता चल जाता है कि ज्योति का मन स्थिर नहीं है।)*

सेवा : ये पहली बार आये हैं, चाय नहीं पिलाओगी? जाओ, पतीली चढ़ा दो। मेरे लिए भी एक प्याला...और खाने को भी ले आओ। कल नाथजी बिस्कुट लाये थे, तख्ती पर ऊपर वाले मर्तबान में होंगे। और सुनो, ज़रा प्रकाश को यहाँ भेज देना...

[ज्योति 'हाँ' कहती हुई भीतर जाती है। अरुण अपनी जगह नर्वस, बँधा-बँधा-सा बैठा है।]

सेवा : *(अरुण से)* ज्योति कह रही थी, आप बी.ए. कर रहे हैं।

[अरुण चुप है।]

सेवा : कौन-से विषय लिए हैं?

[अरुण उत्तर देता है, पर भीतर से उखड़ा हुआ-सा।]

सेवा : आगे क्या करने का इरादा है?

अरुण : काहे के आगे?

सेवा : बी.ए. कर चुकने के बाद क्या करेंगे?

अरुण : *(उत्तर दबाकर)* कुछ तै नहीं किया। देखेंगे...

सेवा : तय तो करना ही पड़ेगा। सिर्फ़ बी.ए. पास करके क्या होता है?

अरुण : कुच्छ नईं होता है।

सेवा : आजकल बी.ए. को कोई नहीं पूछता।

[अरुण चुप है। अनमना।]

सेवा : सच तो यह है कि साइंस या कॉमर्स की लाइन लें तो थोड़ा-स्कोप होता है। ऐसे तो आजकल वो भी कुछ खास नहीं रह गया है। कितना कॉम्पिटीशन है!...

[अरुण बोर हो रहा है।]

सेवा : महँगाई की कोई हद नहीं। पूना में ओनरशिप वाला मकान चाहिए हो तो पचास-साठ हज़ार गिनने पड़ते हैं। आप रहते कहाँ हैं? आपका अपना मकान होगा ही?

[अरुण अब परेशान हो चुका है सिर्फ़ सिर हिलाकर मना कर देता।]

सेवा : गिरस्थी की गाड़ी चला पाना आजकल आसान नहीं रह गया है। बच्चों की बात जाने दें थोड़ी देर के लिए, तो भी एकाध कमरा अपने नाम का होना ही चाहिए... हारी-बीमारी है, अड़चनें हैं। और शादी-ब्याह का फैसला करें तो बहुत नहीं, फिर भी रुपया-पैसा कुछ तो अपने पास होना ही चाहिए...मान लो कि नहीं है पैसा-टका, तो कम-से-कम कॅरिअर तो हो; नहीं तो अपना भी खस्ताहाल अपने संग बीवी भी बेहाल...

अरुण : *(अब धीरज नहीं रख पाता।)* अपन बो झंझटी नईं पालते।

सेवा : पालनी तो पड़ती ही है; कैसे कोई बच सकता है?

अरुण : अपन बचे हुए हैं, क्योंकि अपन तो चोरी से सराब चुवाएँगे।

सेवा : (शॉक्ड) क्या?

अरुण : हाँ। सराब चुवाने के काम में अच्छी कमाई होती है, टेकनिक मालूम होना चइए, बस।

[सेवा शॉक्ड और अवाक्।]

अरुण : दो जनों के लिए फस्ट क्लासवाला धन्दा है। एक जना बाहर का काम सँभाले, हफ्ता-अप्ता देने का, औ' दूसरा ग्राहकों को सर्व करे। ये दूसरा काम औरत का। उसको आन्टी बोलते हैं लोग। आन्टी जितनी मारू दिखायी दे, धन्दा उतनाई तेजी से चले...

[जयप्रकाश चाय की ट्रे लेकर आता है।]

सेवा : *(शॉक पचाकर विषय बदलते हुए)* प्रकाश, ये अरुण आठवले हैं।

जयप्रकाश : *(ठण्डे सुर में)* जानते हैं। परिचय मिल चुका है अभी-अभी।

अरुण : *(जयप्रकाश से)* चोरी से दारू चुवाने के विसै में बता रए थे हम इनको। *(जैसे ज़िद पर उतर आया है।)* तो कै रए थे के आजकल ये धन्दा बड़ा किफायत वाला है। दूसरे, मियाँ-बीवी के लिए मजे का। आराम से करो। बच्चे होएँ तो उनके वास्ते भी काम है, गिलास-पलेटें धोने का, पान-सिगरेट ला देने का। टिप की भरपूर कमाई। जित्ते काम करने वाले हात्त, उत्तई रुपया बटोरने का मौका... *(सेवा की हालत देखकर खुश होता है।)*

[जयप्रकाश उद्विग्न है।

ज्योति आती है। उसे स्थिति समझते देर नहीं लगती।]

ज्योति : *(झूठमूठ हँसकर)* माँ, ये अरुण भी कभी-कभी गहरा मज़ाक़ करता है।

अरुण : *(सेवा और जयप्रकाश से)* इसकी बात का ख़याल मती करना। कल-परसों की पैचान; ये हमें क्या जाने।...

ज्योति : *(स्थिति को सँभालने की कोशिश कर)* तो क्या हुआ, मुझे सब मालूम है...

अरुण : *(सहज भाव से)* तुझे झाँट बराबर तक नईं मालुम! तू चुप रह!

[सब लोग ज़बरदस्त धक्का खाये हुए। ज्योति बहुत नर्वस।

कॉलबेल बज उठती है। बहुत ज़ोर से।]

ज्योति : *(राहत महसूस कर)* भाई जी हैं। *(दरवाज़ा खोलने जाती है।)*

[ज्योति दरवाज़ा खोलती है।]

ज्योति : *(प्रसन्न होकर)* भाई जी आ गये!

नाथ : *(भीतर आते-आते सबको देखकर)* सॉरी। हमें देर हो गयी। पार्टी ऑफिस से निकलते-निकलते एक साब ने आ घेरा। काम भी उनका जेनुइन, टालते भी न बने। फिर भी काफी जल्दी छुट्टी मिली...

[सब लोग गम्भीर]

ज्योति : भाई जी, ये अरुण है। *(अरुण से)* अरुण, मेरे पिता।

[अरुण खड़ा हो जाता है। अनिच्छा से नमस्ते करता है।]

नाथ : *(आगे बढ़कर उसका हाथ अपने हाथ में लेकर)* वेरी ग्लैड टु मीट यू, यंग मैन! तुम्हारे बारे में सुना-ही-सुना था। *(ज्योति को देखकर आँख मारते हैं।)* क्या सुना था वो नहीं बतायेंगे, किसी भी कीमत पर नहीं बतायेंगे, समझे? *(अरुण को सिर से पाँव तक देखकर)* गुड! आदमी हो तो ऐसा...मज़बूत! चाहे टूट जाये, मगर सिर नहीं झुकायेगा...बहुत खूब! *(जयप्रकाश से)* जयप्रकाश जी, इनसे कुछ सीखिए...हमारा जयप्रकाश काम का पक्का है, बाकी बातों में एकदम अहिंसक, शहद जैसा! अरे भई, आदमी में हिम्मत होनी चाहिए। *(ज्योति से)* इन्हें खिलाया-पिलाया है कि नहीं? *(सेवा से)* सेवाजी, देख लीजिए, ज्योति आपसे ज़्यादा किस्मत वाली निकली। कैसा 'मॅन्ली' लड़का फाँसा है! क्रिएटिव है। कविता लिखता है।

[अरुण परेशान है। शेष गम्भीर।]

ज्योति : *(जैसे-तैसे)* भाई जी, चाय पियेंगे?

नाथ : ये भी कोई सवाल है? बगैर चाय के जीने का क्या मतलब? इनको भी पिलाओ, हमारे साथ, दुबारा।

[ज्योति भीतर जाती है। नाथ अरुण को बिठाते हैं। उसके करीब बैठते हैं। उसका हाथ अपने हाथ में लेकर बात करते हैं।]

नाथ : आई एम रियली, रियली हैपी अरुण जी। आइए, हम चाय पीकर सेलिब्रेट करें। ऐसे तो *(इशारे से दिखाकर कि शराब)* वो भी हम समाजवादियों में आजकल चलती है, मगर भाई, हम उस मामले में पुराणपंथी ही हैं। गांधी नाम का कीड़ा हमारे दिमाग में ऐन जवानी में घुसा न, तो कुछ चीज़ें हमेशा के लिए हाथ से निकल गयीं। शराब एक, ठप्पेबाज़ी दो, और *(नकली हल्के स्वर में)* क्या कहें, ब्रह्मचर्य ही जीवन हो जाता, मगर एक दुर्घटना हो गयी। *(आँख मारकर)* मधुर दुर्घटना कहते हैं न, वही। जैसे तुम्हारे साथ हो गयी है...

सेवा : *(गम्भीरता से)* नाथ जी, आप कपड़े नहीं बदलेंगे?

नाथ : बाद में। सेवा जी, आज तलक हम लोगों ने 'जात-पाँत तोड़ो' का सिर्फ़ नारा ही दिया। कई अन्तर्जातीय विवाहों में उपस्थित रहा, भाषणबाज़ी भी की। मगर असली अर्थ में हम लोगों ने आज जात-पाँत तोड़ दी है। मेरा घर इन द रियल सेन्स ऑफ द टर्म भारतीय हो गया है। मैं आज खुश हूँ, बहुत खुश हूँ। आज कपड़े बदलने की गरज नहीं है। आज मैं ही नया हो गया हूँ...*(अरुण से)* माई फ्रेण्ड, डु यू स्मोक? मैं सिगरेट नहीं पीता, मगर चाहो तो है अपने यहाँ। परसों अनूजी लौटे...पता नहीं किस अन्तर्राष्ट्रीय कांग्रेस में शरीक होने गये थे...तो सिगरेट के पैकेट्स ले आये। बोले, लो और लुटाओ... *(सेवा से)* कहाँ रक्खे हैं? लाओ, लाओ...

[सेवा अनिच्छा से भीतर चली जाती है।]

नाथ : *(जयप्रकाश से)* तुम खड़े क्यों हो? बैठो-बैठो। ...अरे बैठो भी। असल में तुम दोनों को गप्पें लड़ानी चाहिए

थीं। एक ही पीढ़ी के हो। मैं बिना मतलब सींग काटकर बछड़ों में मिल गया हूँ।

[सेवा सिगरेट का पैकेट लेकर आती है और सामने रख देती है।]

नाथ : एक ही पैकेट लायी हो? बाकी का क्या करेंगे? या किसी ने सफाया कर दिया? *(जयप्रकाश को देखकर शरारत भरी हँसी।)*

जयप्रकाश : *(गम्भीर स्वर में)* मुझे पता नहीं...

नाथ : मुझे भी नहीं है। इसका मतलब ये कि सेवा जी ने या ज्योति ने पीके साफ कर दीं...

सेवा : छीः!

नाथ : उससे बुरा क्या है! परसों कहीं पढ़ा कि वो विख्यात नर्तकी है न, सोनल मानसिंघ, वो सिगार पीती है! कल्पना करो अरुण कि एक नाचने वाली, खूबसूरत महीन कटि वाली दिव्य भारतीय नारी मुँह में चर्चिल की तरह चिरुट यों ठूँसे हुए है और उसे चबाकर पूछ रही है : 'ऑय लाइक सिगार्स! हूँ? सो वॉट?' अरे, हमारे ज़माने में हम सपने में भी सिगार नहीं पी सकते थे, समझे? अगर मेरे बाप ने मेरे मुँह में सिगार देख लिया होता तो पहले तो गाल पर तमाचा रसीद किया होता और बाद में पूछता, यू लाइक सिगार क्यों? गेट आउट! दफा हो जा मेरे घर से! और आज सोनल मानसिंघ ज़ाहिरा कह देती है, आई लाइक सिगार्स! *(ज़रा धीमे स्वर में जैसे भेद खोल रहे हों।)* यही नहीं, कहती है एण्ड ए गुड...यू नो वॉट! *(आँख मारते हैं। फिर दिल खोलकर हँसते हैं।)* मगर ज़माना, साब, खूब बदल गया है। *(अरुण से)* तुम्हें बताऊँ, कभी-कभी जब अकेला बैठा सोच रहा होता हूँ न, तो लगता है कि सब एक सपना है...सब उलटा-पुलटा दिखाई पड़ता है...सोचो किसी के ज़ेहन में कभी आया था कि तुम दलित लोग ताल ठोंककर मैदान में उतरोगे? *(पुकारकर)* ज्यो! अरे भई, कुछ खाने को लाओ, यहाँ भूखों मरे जा रहे हैं! *(अरुण से)* हमारे कांग्रेसी दोस्तों

की तरह हमारी भूख भी तगड़ी है...इतना ही है कि हम सिर्फ़ अनाज खाते हैं! *(दाद पाने के लिए हाथ बढ़ाते हैं। अरुण अपने में उलझा हुआ-सा दाद देता है।)*

[ज्योति ट्रे में चाय और खाने की प्लेटें लाती है। रखती है।]

नाथ : *(देखकर)* गुड! गुड! दैट्स लाइक ए गुड गर्ल! *(अरुण से)* लो भाई। चाय और खाना, इनके सिर्फ़ दर्शन नहीं करने चाहिए, उदर का उदार आश्रय देना चाहिए। लो, तकल्लुफ मत करो... *(अपने हाथ से उसे देते हैं। खुद भी लेते हैं। दूसरों से)* जल्दी कीजिए, नहीं ख़त्म हो जायेगा। *(खाते-खाते)* हम आज बहुत प्रसन्न हैं। *(अरुण का घुटना थपथपाकर)* थैंक यू अरुण, थैंक्स फॉर गिविंग अस द प्लेज़र। *(ज्योति से)* दरअसल, तुम्हारा आभार भी मानना चाहिए ज्यो, मगर तुम तो घर की मुर्गी हो... *(सब की गम्भीरता समझकर)* मैं ही बोल रहा हूँ क्या? ऑल्राइट, मैं अपने स्वरयन्त्र को विश्राम देता हूँ, ज़ाहिर हो।...

[नाथ के चुप हो जाने पर भी कोई कुछ नहीं कहता। वातावरण में तनाव है।]

अरुण : *(उठते हुए)* चल दिए अपन।

नाथ : *(आश्चर्य से)* चल दिए? अभी से?

अरुण : ज़रा काम है। *(ज्योति से)* जाते हैं जोती। *(निश्चयपूर्वक दरवाज़े तक जाता है।)*

[ज्योति उसके पीछे जाती है।]

अरुण : *(दरवाज़ा खोलकर)* अच्छा। *(बाहर चला जाता है और बगैर देखे दरवाज़ा खींचकर बन्द कर देता है।)*

[कुछ पल निस्तब्धता छा जाती है।]

नाथ : *(नापसन्दगी से)* जब ज़रूरत नहीं होती तभी तुम लोग मुँह लटका लेते हो, कुछ समझ में नहीं आता। उसे कैसा लगा होगा?

सेवा : कुछ भी नहीं लगा होगा।

नाथ : दिस इज़ नॉट करेक्ट। वो लड़का पहली बार हमारे यहाँ

आया था। ज्योति उसे ले आयी थी...

जयप्रकाश : इसीलिए हमने उसे सह लिया।

नाथ : *(सात्विक क्रोध से)* क्यों? सहने का सवाल ही कहाँ उठता है?

सेवा : आप कुछ नहीं जानते।

नाथ : क्या नहीं जानते? लड़का उमदा है, तेज़ है...

जयप्रकाश : आपको पता नहीं है।

नाथ : *(बौखलाये स्वर में)* नहीं जानते, पता नहीं...आखिर ऐसा है क्या जो तुम्हीं लोगों को मालूम है? ज़रा हमें भी तो पता चले।

सेवा : वो उनमें से नहीं है जो हमारे बीच समा सके...

नाथ : *(तीखे स्वर में)* क्यों? दलित है, इसलिए?

सेवा : *(तीव्र होकर)* ऐसा मत समझो कि तुम्हीं एक उदार हृदय वाले हो। जात-पाँत के परे देख पाना हम भी जानते हैं।

नाथ : तो क्या है ऐसा जो उसकी समाई इस घर में नहीं हो सकती?

सेवा : उसके संस्कार...

नाथ : *(आवेश से तोड़कर)* वॉट डु यू मीन बाई दैट? संस्कार और संस्कृति क्या तुम्हीं लोगों की मौरूसी जायदाद है? वो अच्छा लड़का है...वेल-बिहेव्ड है...बगैर संस्कारों के कोई ऐसा बन पाता है?

जयप्रकाश : भाईजी, आपको सारी बातें मालूम नहीं हैं।

नाथ : फिर वही! क्या नहीं मालूम है?

सेवा : नाथ, तुम्हारे सामने वो ठीक था, पर तुम्हारे आने से पहले मैंने उसे जो भी करते हुए देखा था, वो जरा भी ठीक नहीं था।

नाथ : क्या देखा तुमने? ज़रूर तुम्हारी दृष्टि में पूर्वाग्रह होगा।

जयप्रकाश : भाईजी, माँ पर बेकार इल्ज़ाम मत लगाइए। मैंने भी देखा है...सुना है...और वो सही नहीं था, इतना ही कहता हूँ। आप कहेंगे कि तुम्हारी दृष्टि भी दूषित है। कह सकते हैं। मगर मुझे वो आदमी बिल्कुल अच्छा नहीं लगा। आई कान्ट टॉलरेट हिमं। *(ज्योति से)* सॉरी ज्योति। *(नाथ*

से) आप लोग अगर यहाँ न होते तो या तो वह बाहर दिखाई पड़ता या मैं...

नाथ : *(निश्चयपूर्वक)* डिटेल्स बताइए; गोलमोल बात मत कीजिए।

जयप्रकाश : वो माँ को चोरी से शराब चुवाने के बारे में सुना रहा था।

नाथ : तो क्या हुआ? तुम्हारी माँ मोरारजी भाई है क्या, जो शराब के नाम से बिदक उठे।

सेवा : तुम जानना चाहते हो वो मुझे क्या सुना रहा था...? पत्नी के साथ शराब का अड्डा चलाने का इरादा है उसका। बता रहा था, बच्चे होंगे तो वे भी गिलास-पलेटें धोयेंगे, पान लगाकर देंगे...

नाथ : *(सकपकाते हैं, पर अपने को सँभालकर)* ज़ाहिर है, मज़ाक़ बना रहा था।

जयप्रकाश : आप यहाँ होते तो जान पाते। अक्खड़पन पिघल-पिघल के बह रहा था।

नाथ : वहम है तुम लोगों का। नकली पश्चिमी सज्जनता की आदत पड़ गयी है न हमें...सीधी-सादी बात नहीं सह पाते...

जयप्रकाश : मेरी और माँ की बात जाने दीजिए। ज्योति से क्या कहा उसने, सुनेंगे? ये उसकी तरफदारी करने गयी तो बोला, 'तुझे...*(ज़रा अटककर)* झाँट बराबर नहीं मालूम, तू चुप रह।' ...इस घर में, इस घर की बेटी के लिए ऐसी उजड्ड भाषा...? माँ के सामने?

नाथ : *(ज़रा अटककर)* उसकी भाषा छोड़ो...

सेवा : ज्योति, जब मैं आयी तब तुम लोग क्या कर रहे थे?

ज्योति : *(घबराकर)* क्या...?

जयप्रकाश : जब मैं आया तो इसकी आँखों में आँसू थे...और वो ताली फटकारकर गा रहा था, 'बाँभनी फँसी।' ये ज़रूर रोयी होगी। क्यों ज्योति?

[ज्योति इशारे से स्वीकार करती है।]

ज्योति : *(उत्तर देने की ज़रूरत समझकर)* पर वो, वो बात नहीं

थी जो आप लोग समझ रहे हैं...

सेवा : मैंने अपनी आँखों से देखा कि तू दाहिनी केहुनी पर फूँक मार रही थी। क्या वजह थी?

ज्योति : *(ज़रा रुककर)* उसने मेरी बाँह मरोड़ी थी।

[सेवा विजेता की भंगिमा से नाथ की ओर देखती है।]

ज्योति : ये भी वो नहीं है जो आप समझ रहे हैं।

सेवा : ओफ्फह! मज़े-मज़े में बाँह मरोड़ रहा था। है न?

ज्योति : नहीं! पर उसे बुरा लगा था, जो किया उसका। सॉरी कहा था उसने। मन से।

जयप्रकाश : *(उपहास से)* सॉरी कहा! कौन कह सकता है कि संस्कारी नहीं है वो। जब सहूलियत होती है तब वे संस्कारी होते हैं!

नाथ : *(गम्भीर होकर)* देखो, वो हमारे जाने-पहचाने मध्यवर्ग का आदमी नहीं है जो एकदम समझ में आ जाये...

सेवा : जी हाँ, हम कहाँ उन्हें जानते हैं जो मध्यवर्ग के नहीं हैं!

नाथ : वो मध्यवर्ग का नहीं है, ये तो है ही, मगर दलित भी है, ये मत भूलो। वो दरिद्रता और नफरत के बीच जिया है। इन लोगों की मानसिकता अलग किसम की होती है...हमें इन्हें अच्छी तरह समझने की कोशिश करनी चाहिए और वही मुश्किल है...

सेवा : इस विषय पर मैं तुम्हारा स्टडी-सर्किल अटेण्ड करने को तैयार हूँ, चाहो तो। पर इसमें शक नहीं कि मेरी ज्योति के पति के रूप में मैं उसे मंजूर नहीं कर सकती।

नाथ : देखो सेवा, सिर्फ़ कहने भर से समाज में परिवर्तन नहीं होता। परिवर्तन लाने के लिए पहल करनी पड़ती है। हमारे पुराने समाज-सुधारकों ने विधवा-विवाह का आन्दोलन महज़ भाषण देकर और लेख लिखकर नहीं चलाया, बल्कि उनमें से कुछ ने खुद विधवा-विवाह किया। क्यों किया...? वो भी एक प्रयोग था, मुश्किल प्रयोग था। मगर प्रयोग उन्होंने किया...

सेवा : मतलब ये कि मेरी बच्ची की ज़िन्दगी प्रयोग के लिए

है, यही न? तुम अपनी बात जानो; मैं इसे स्वीकार नहीं कर सकती। मैं उसकी माँ हूँ। अगर मुझसे पूछो तो मैं कहे देती हूँ कि उस लड़के के संग ज्योति कभी सुख से नहीं रह सकती...चाहो तो लिखवा लो मुझसे!

नाथ : वो यहाँ था ही कितनी देर! इतने कम समय में जो जाना, उसी के बल पर जजमेंट देकर तुम छुट्टी पा जाना चाहती हो? तुम जल्दबाज़ी कर रही हो सेवा...

सेवा : रहे। उसके साथ ज्योति का ब्याह हो, ये मुझे मंजूर नहीं है। *(एकाएक स्तब्ध हो जाती है।)*

[निस्तब्धता का तनाव सब महसूस करते हैं।]

नाथ : *(जयप्रकाश से)* और तुम? तुम्हारा भी यही ख़याल है प्रकाश?

[जयप्रकाश इशारे से 'हाँ' कहता है।]

नाथ : मेरे ख़याल में ज्योति, तुम्हीं कुछ बता सकती हो...सारी स्थिति को देखते हुए। हम कुछ भी कहें, हम दूर के आदमी हैं, लड़के का जहाँ तक सवाल है, मुश्किल से आध घण्टे की पहचान है हमारी! ...तुम बताओ, तुम्हारा क्या ख़याल है? ये लड़का तुम्हें कैसा मालूम देता है? भूल जाओ थोड़ी देर के लिए कि तुम इसके संग ब्याह करने की सोच रही हो, और फिर बताओ, अगर बता सको तो, ताकि हम लोग अपने बारे में सोच सकें।

ज्योति : *(अवरुद्ध, विचारों में डूबी हुई। ज़रा रुककर)* मैंने आपको पहली बार बताया था, तभी कह दिया था...मैं उसके बारे में ज़्यादा कुछ नहीं जानती। अगर थोड़ा-बहुत जानती हूँ तो उसकी कविताओं के माध्यम से उसे जानती हूँ।... उसने मुझसे पूछा, मैंने सहज हाँ कह दिया। असल में, उसके बाद ही से मैं उसे कुछ-कुछ जान रही हूँ। उसे तो क्या, उसके बारे में जान रही हूँ। फिर भी, कभी-कभी वो इस तरह से पेश आता है कि मुझे लगता है, मैं उसे नहीं जान पायी हूँ। कभी-कभी मैं उसका पूरा विश्वास कर लेती हूँ, और दूसरे ही पल मैं उससे कोसों दूर पिछड़ जाती हूँ। मन पूछता है, जो मैं करना चाहती हूँ, क्या

वो सही है? ...डर लगता है—तब मेरा ही मन जताता है कि वो मन का बुरा नहीं है, नीच स्वभाव का नहीं है। पेचीदा है। हो सकता है कि पेचीदगी उसकी कुछ स्थितियों ने पैदा की हो। मुझे वो पेचीदगी समझ लेनी होगी। उसे छोड़कर भाग जाने से कुछ नहीं बनेगा। एक बार समझ लूँगी तो उस पेचीदगी को मिटा सकती हूँ। और अगर नहीं भी मिटा सकूँ तो ये तो हई है कि वो मुझे डरा नहीं सकती...

नाथ : तुम्हें ऐसा तो नहीं लगता ज्योति कि हाँ कहकर तुमने शायद गलती की?

ज्योति : *(ज़रा रुककर)* वो सोचना भी अब बेमानी है...मैंने हामी भर दी है और अब मैं भागकर छिप नहीं सकती।

सेवा : क्यों? ...अपनी कमज़ोरी की वजह से दिये गये वचन पर दुबारा विचार करना बिल्कुल गलत नहीं है...तुमसे न बने तो तुम्हारी तरफ से हम उसे बता सकते हैं कि...

ज्योति : नहीं। मैं वो नहीं करना चाहूँगी। मैं उसके साथ ब्याह करूँगी।

जयप्रकाश : माँ को पसन्द न हो फिर भी?

नाथ : *(एकदम)* ठहरो प्रकाश! उस पर दबाव मत डालो। उसे अपना फैसला अपने विचारों के बल पर करने दो।

जयप्रकाश : फैसला बिना विचार किये किया गया है, ये भी तो उसी ने बताया है...

नाथ : ये अगर उसी ने बताया है तो इसका मतलब यही कि वो विचार कर रही है और अपने विचार से वो अपना पहले वाला फैसला बदल सकती है...

ज्योति : फैसला मुझे नहीं बदलना है भाईजी।

सेवा : ज्योति, मैं कहे देती हूँ, तुम गलत चाल चलके अपनी ज़िन्दगी बरबाद मत करो।

ज्योति : मेरा फैसला पक्का है माँ।

नाथ : महज़ ज़िद तो नहीं?

ज्योति : नहीं।

सेवा : जानती हो, नतीजा क्या होगा?

ज्योति : हाँ।

नाथ : ठीक है। ज्योति ने खुद फैसला किया है। इस विषय पर अब बहस नहीं होगी। हम सबको आपसी मतभेद भुला कर ज्योति के साथ चलना होगा। उसे जो भी मदद चाहिए, मन लगाकर करनी होगी। क्यों जयप्रकाशजी?

जयप्रकाश : जी, मैं कोशिश करूँगा।

नाथ : कोशिश नहीं, मदद करनी ही पड़ेगी। हमने अपने घर में सच्चे अर्थों में लोकतन्त्र को आचरण में उतारा है। इसमें कोई टूटन नहीं आनी चाहिए। मतभेद हो, साफ-साफ कह दो, मगर फैसला अपना-अपना। और एक के फैसले को सब लोग अपना सपोर्ट देंगे।

सेवा : ये जानकर भी कि वो फैसला उसे गड्ढे में गिराके रहेगा?

नाथ : हाँ, ये जानकर भी! हमें जो कहना-बताना है, बतायेंगे और उसके बाद ये समझकर वो फैसला मंजूर करेंगे कि वो सोच-विचार कर किया गया है।

सेवा : ये मुझसे नहीं होगा। तुम सँभालो अपना लोकतन्त्र। मुझे ज्योति का फैसला एकदम मूरखपना मालूम पड़ता है और मैं उसे मंजूर नहीं कर सकती...उसकी माँ होने के नाते। ये घर है, तुम्हारी पार्टी नहीं है कि डिसिप्लिन के नाम पर हमें दबा दो।

नाथ : क्या करोगी तुम?

सेवा : मैं विरोध करूँगी। तुम्हारे शब्दों में, पार्टी का डिसिप्लिन तोड़कर विद्रोह करूँगी। ...तुम्हें भी ज्योति का फैसला अकलमन्दी का जान पड़ता है क्या? पिता की हैसियत से सीने पर हाथ रख के बोलो। गोलमोल जवाब मत देना।

जयप्रकाश : हाँ भाईजी, आपकी क्या राय है, साफ-साफ बताइए।

नाथ : मैं ज्योति का हिमायती हूँ। वो लड़का जिन हालात से गुजर चुका है, उन हालात ने उसमें कुछ गाँठें डाल दी होंगी जो एकदम स्वाभाविक है। वे गाँठें अगर न हों तो अचरज होगा। लेकिन इतने भर से वो बुरा आदमी नहीं हो जाता। ही में नॉट ऐ जेन्टलमैन बट ही इज़

ऑल्सो नॉट ए स्काउन्ड्रल। इनसान होने के नाते उसमें पोटेन्शिअल है। अकल है, लगन है, प्रतिभा है। अपनी परिस्थितियों के बावजूद वो यहाँ तक आन पहुँचा है, और ये आसान नहीं है। ये उसकी मेहनत और तपस्या का फल है। तुम लोग क्या जानो कि उसकी बिरादरी के लोगों को आगे बढ़ने के लिए क्या-क्या नहीं करना पड़ता। वो सोना है, उसे तपाने की गरज है, सोने की मूर्ति बनाने की ज़रूरत है। ये समय की बात है। अगर ये कार्य ज्योति जैसी लड़की नहीं करती तो कौन करेगा? आप ये भी नहीं कह सकते कि ये काम मुश्किल है, कोई कर ही नहीं सकता। और फिर उसने वचन भी दिया है ध्यान में रखना होगा कि उसका समाज तलछट है और हमीं उसके लिए ज़िम्मेवार हैं, हम पहले ही इस समाज के साथ भरपूर विश्वासघात कर चुके हैं। असल में हमीं अपराधी हैं। ऐसी स्थिति में अगर ज्योति अपना वचन तोड़ती है, अपनी ज़िम्मेवारी से मुँह मोड़ती है तो एक तरह का विश्वासघात ही होगा। चुनौतियों से घबराके मैदान छोड़कर भागना होगा। मेरी बेटी का यों भाग जाना मेरे लिए शर्म की बात होगी। *(ज्योति के पास जाकर सौम्य स्वर में)* आयम् विद यू ज्योति। तुम जो करने जा रही हो वो बुद्धिमानी भी हो सकती है और मूर्खता भी; मगर एक बात पक्की; जो कर रही हो, वो सुसंस्कृत मनुष्यता को शोभा देता है और इसीलिए हम तुम्हारे साथ हैं। गो एहेड माई चाइल्ड, देखते हैं हम लोग, क्या होता है।

[अँधेरा।]

दूसरा अंक

पहला दृश्य

[वही स्थान। कुछ दिन बीत चुके हैं।
घण्टी बजती है। सेवा भीतर से आकर दरवाज़ा खोलती है।
ज्योति काम पर से लौटी है। थकी-हारी। दुबली दिख रही है। बहुत समझदार भी, जैसे अचानक बड़ी हो गयी हो। गले में मामूली मंगलसूत्र। ज्योति भीतर आती है। सेवा की ओर देखकर अन्दर जाने लगती है।]

सेवा : कल रात कहाँ थीं? पूछें?

ज्योति : दीनानाथ के कमरे पर। बहुत देर हो गयी थी तो वहीं सो गये।

सेवा : *(गुस्सा पीकर)* फ़ोन नहीं करते बना कि नहीं आ पायेंगे?

ज्योति : उसके यहाँ फ़ोन कहाँ!

सेवा : आसपास के किसी होटल में तो होगा! यहाँ हम लोग रात भर जागते रहे।

ज्योति : *(थकी आवाज़ में)* मैं पहले बता चुकी हूँ तुम लोगों को...

सेवा : *(सन्तुलन जाने को है)* ...बता चुकी हूँ! राह मत देखा करो! आते बना तो आऊँगी, नहीं तो नहीं आऊँगी। ...ज्योति, ये घर है, होटल नहीं है।

[ज्योति बगैर कुछ कहे भीतर जाने को होती है।]

सेवा : ये नहीं चल सकता। तुम इस घर की हो, तुम अपनी ज़िम्मेदारी नहीं समझतीं? शादी के बाद से तुम्हारा अजीब

ढंग देख रही हूँ। रात में नहीं तो न सही, मगर दिन में तो फ़ोन कर सकती थीं!

ज्योति : दिन भर ऑफिस के काम में फँसी रही, वक़्त ही नहीं मिला...सच।

सेवा : देखो, घर में घर का आदमी बनके रहना मुश्किल हो तो अपना रास्ता नापने में ही भलाई है। समझ लो।

[ज्योति सेवा की ओर यह जताने के लिए देखती है कि समझ गयी है। भीतर जाने को होती है।]

सेवा : तुम मुझे सता सकती हो, पर जानती हो, तुम नहीं लौटतीं तो नाथ जी की नींद उड़ जाती है...दो-दो बजे रात तक तुम्हारी फिकर में करवटें बदलते हैं। ज़रा उन्हीं का विचार करो। वो तो तुम्हारे ब्याह के खिलाफ नहीं थे। ऐसे नाच रहे थे जैसे अपने ब्याह में भी नाचे नहीं होंगे।

ज्योति : आगे से ऐसा नहीं होगा... *(जाने को मुड़ती है।)*

सेवा : क्या रक्खा है इन बातों में...नहीं होगा कहती जाओगी, होगा वही!

ज्योति : माँ, अगर मेरे हाथ में होता तो ऐसा न होता...

सेवा : अब ऐसा कहके तुम छुट्टी नहीं पा सकतीं। तुमने अपनी मरज़ी से ब्याह तय किया, करके दिखा भी दिया।

ज्योति : रहने भी दो न ये विषय माँ...प्लीज़...

सेवा : तुम्हारी शादी के बाद से इस घर का रंग ही बदल गया है। तुम भी पहले वाली ज्योति कहाँ रह गयी हो! यहाँ हो तो ऐसे, जैसे कोई पराई हो, और सिर्फ़ ज़रूरत समझकर इस घर के सहारे टिकी हो। न किसी काम में मदद करती हो, न हम लोग तुम पर निर्भर कर सकते हैं। तुम अपने में डूबी रहती हो। बाहर चली जाती हो तो लौटने का ठिकाना नहीं; लौटती हो तो ऐसे, जैसे मेहमान आया हो...

ज्योति : मैंने कहा न सॉरी...

सेवा : मुझे ये मंजूर नहीं, कहे देती हूँ।

ज्योति : क्या करूँ मैं ये भी कह दो...छोड़कर चली जाऊँ?

सेवा : कहते हैं तो गुस्ताखी पर उतर आती हो। किसके दम पे, ये हम खूब जानते हैं।

ज्योति : गुस्ताखी नहीं की मैंने...और अगर की हो तो वो मेरी अकेले की ही गुस्ताखी है।

सेवा : *(यकायक भीतर से भर आती है।)* कैसी थी ज्योति तू... कैसी हो गयी है! मुझे अपने बारे में कुछ नहीं कहना है, लेकिन जो तकलीफ उन्हें होती है...*(बहुत कोशिश करने के बाद ही अपने को ज़ब्त कर पाती है।)*

[ज्योति समझ नहीं पाती कि क्या करे। जयप्रकाश भीतर से बाहर आता है।]

सेवा : किसी काम में जी नहीं लगता। सोचते रहते हैं चौबीसों घण्टे।

ज्योति : *(सौम्य स्वर में)* मैं अब जाऊँ अन्दर?

सेवा : जहाँ जी चाहे जाओ। तुम्हें कौन रोक सकता है!

[ज्योति अन्दर चली जाती है। सेवा ज़रा देर खड़ी रह जाती है। व्यग्र।]

जयप्रकाश : माँ, तुम और भाईजी कितने दिन यों खून सुखाओगे?

सेवा : कौन सुखाता है! वे दिन भी बीत गये।

जयप्रकाश : अगर मालूम है कि ऐसे ही चलेगा तो फिर क्या!

सेवा : कहना आसान है।

जयप्रकाश : भाई जी क्यों परेशान रहते हैं अब, समझ में नहीं आता। उन्होंने समर्थन किया था ब्याह का; यही नहीं, बल्कि पहल की थी।

सेवा : तुम्हारे जब लड़की होगी, वो बड़ी होगी तभी जान पाओगे।

जयप्रकाश : अगर ज्योति की कोई शिकायत नहीं है तो तुम क्यों जी का जंजाल पालते हो?

सेवा : कह दिया न, तुम नहीं समझ पाओगे। *(फिर वही मूड)* क्या घर था यह, कैसा माहौल था यहाँ का!...

जयप्रकाश : वही माहौल कैसे बना रहता? हर चीज़ बदल जाती है। बदलती हुई स्थितियों से समझौता करने वाला ही ज़िन्दा रह पाता है। जीवशास्त्र का यही कानून है।

सेवा : हमारे गुरु जी ने हमें नहीं सिखाया कि परिस्थितियों के

साथ अपने को बदल दो। वे कहा करते थे कि तुम परिस्थितियाँ बदल सकते हो। हम लोग इसी गर्व को लिए जिए कि हमीं परिस्थितियाँ बदलते हैं।

जयप्रकाश : वही तो वजह है तुम्हारे दुःखों की। परिस्थितियों के बदलने का अपना एक कायदा है, वो थोड़े ही किसी की राह देखती हैं!

सेवा : सच कहते हो। अब समझ पड़ता है, मगर ब्यौहार में नहीं उतरता।

जयप्रकाश : ज्योति ने अपनी इच्छा से, और अपनी रज़ामन्दी से एक निर्णय किया था। अब उसका जो भी नतीजा होगा, उसे वो खुद झेलेगी। अगर मैं कल को कोई निर्णय करूँगा तो उसका नतीजा भी मुझी को भुगतना होगा। आप लोगों का उससे क्या सम्बन्ध? आप क्यों अपना जी दुखायें? मैं तो कहता हूँ, तुम लोगों ने हमें खिला-पिलाकर बड़ा किया, वही काफी है। अब आगे की ज़िम्मेदारी हमारी अपनी।

सेवा : फिर भी जी दुखता है जय..

[घण्टी बजती है।

जयप्रकाश दरवाज़ा खोलता है।

नाथ आये हुए हैं। थके-होरे।

जयप्रकाश उनका छोटा ओवर नाइट सूट केस लेता है।]

नाथ : *(हाथ में फ़ाइलें हैं। मेज़ पर रखकर)* वेल-वेल-वेल...क्या हाल है? हाउ इज़ एवरीबडी?

जयप्रकाश : फाइन!

नाथ : आज दिन-भर बहुत भाग-दौड़ रही। वेरी हेक्टिक डे। हाउस में ऑब्जेक्शन उठाया जा रहा था...एक वॉक-आउट भी हो गया...बीच में कोई आधे घण्टे शोर-शराबा और थम्पिंग का प्रोग्राम भी जारी रहा...इसी बीच तमाम कामों का झंझट लेकर आये हुए मिलने वालों का ताँता लगा हुआ...जैसे-तैसे चार बजे टैक्सी पकड़ी और दौड़ा-दौड़ा आया...

सेवा : कल रात सो भी नहीं पाये थे तुम। सुबह उठके 'डेक्कन क्वीन' पकड़ी। असल में आज आपको बम्बई में ही रह जाना चाहिए था। आराम से सो तो पाते।

नाथ : दैट्स ऑल राइट। कल छुट्टी ही तो है। ऐसे भी सेशन के उबाऊ भाषण के बीच फर्स्ट क्लास झपकी ले सकते हैं। आज ये नहीं जम पाया। जयप्रकाश जी, एक प्याला गरमा-गरम चाय मिलेगी? *(याद आते ही सेवा से)* ज्योति आ गयी?

सेवा : अभी-अभी लौटी है...

[नाथ रिलॅक्स्ड महसूस करते हैं। जयप्रकाश भीतर जाता है।]

नाथ : कैसी है? ठीक है न? कोई खास बात नहीं न?

सेवा : मैंने पूछा तो बोली, रात को एक मित्र के यहाँ गये थे दोनों; देर हो गयी तो वहीं सो गये। रोज़ाना यही जवाब! कहा कि चिन्ता होती है तो कहने लगी, कहा था न कि चिन्ता मत करना। रात को वहीं रह गयी, मान लिया, मगर सवेरे घर आ सकती थी...वो भी नहीं तो फ़ोन कर देती...ऑफिस में फ़ोन नहीं है क्या?

नाथ : अरे भई, समय नहीं मिला होगा...

सेवा : और हम जो यहाँ फिकर कर-करके मरे जा रहे थे, वो कुछ भी नहीं? किस हालत में तुम बम्बई गये आज सुबह, मुझसे छिपा नहीं है। फ़ोन करने का समय नहीं था उसके पास?

नाथ : ज्योति एक अच्छी लड़की है सेवा। हमारी बात समझती है। फिर भी, अगर चूक जाती है तो ज़रूर कोई वजह होगी, अहम वजह होगी।

सेवा : वजह-अजह सब जानती हूँ। इसकी वजह वो है...वो!

नाथ : हो; तो भी हम लोगों को नयी स्थिति स्वीकार करनी होगी। ज्योति ने उसके साथ शादी की है।

सेवा : तुम तो स्वीकार करोगे ही...तुम्हीं तो थे पुरोहित।

नाथ : क्या करते? बोलो?

सेवा : शादी का विरोध करते, शादी न होने देते।

नाथ : सेवा, ज्योति कानूनन बालिग थी। शादी करने का फैसला कर चुकी थी। हम-तुम रोकते तो रुकने वाली थी? सवाल था, उसकी पसन्दगी का। हम कौन होते हैं अपनी ज़िद पर रहने वाले?

सेवा : अगर लड़की जान-बूझकर गड्ढे में गिरना चाहती है तो तुम उसे गिरने दोगे?

नाथ : हाँ, गिरने दूँगा। निःसन्देह गिरने दूँगा। यों देखो, मैं जो भी सोचूँगा, कहूँगा। एक बार नहीं, दस बार कहूँगा। राय बदलवाने की कोशिश करूँगा। इसके बाद भी कोई अगर गड्ढे में गिरना ही चाहता है तो मैं नहीं रोकूँगा।

सेवा : उस बेवकूफ लड़की को भी नहीं रोकोगे जो तुम्हारी बेटी है?

[जयप्रकाश ट्रे में चाय लेकर आता है।]

नाथ : तुम्हें भी नहीं रोकूँगा। मगर, मुझे दर्द होगा अगर तुम्हारे होगा क्योंकि तुम लोग, मेरे अपने हो। मैं जिन मूल्यों को बाहर अपनाये हुए हूँ, उन्हीं को घर के भीतर भी अपनाता हूँ। जो आदमी विचार करने की ताकत रखता है, मैं उसके साथ कभी ज़बरदस्ती नहीं करूँगा। नेवर नेवर! रहा ज्योति का फैसला तो मुझे वो ज़रा भी गलत नहीं मालूम पड़ा।

सेवा : उसीका फल भुगत रहे हो जो तमाम रातें आँखों में काटते हो।

नाथ : *(चाय पीते हुए)* मान लो, किसी गैर दलित के साथ...या इसी अपने अरुण के बजाय किसी दूसरे के साथ शादी होती तो तुम गारंटी दे सकती हो कि हमें आराम की नींद नसीब होती? हर नया रिश्ता अपने में एक समस्या होती है। आखिर हमारी बेटी है, और नींद भी हमारी ही हराम होनी है तो वही सही। *(जयप्रकाश से)* हैलो जय, तुम्हारे कॉलेज की क्या खबर है?

जयप्रकाश : *(ज़रा धीमी आवाज़ में)* ज्योति खड़ी है। वहाँ। *(दरवाज़े की दिशा में देखता है।)*

नाथ : कौन? ज्यो? *(उठकर दरवाज़े तक जाते हैं। भीतर*

झाँकते हैं।) मैडम आप मियाँ-बीबी की गुफ्तगू चोरी से सुनती हैं? पिटेंगी! *(उसे अपने साथ लाकर बहुत कुछ जबरदस्ती से अपने करीब बिठाते हुए)* बैठो यहाँ। सीधे बाहर आ सकती थीं। ये चोरी-चोरी क्यों? ...लो, चाय पिया। मैंने जूठी नहीं की है, लो।

ज्योति : नहीं। आप पीजिए।

नाथ : ले भी लो। हमारा क्या, कौन्सिल-हॉल में दिन भर चाय ही तो पीते हैं। अच्छा, हाफ-हाफ, लो... *(आधी चाय उसे बलपूर्वक पिलाते हैं, आधी खुद पीते हैं। चाय पीते समय ज्योति की ओर देखते हैं और आँख उसकी बाँह पर अटक जाती है। गम्भीरता से)* बाँह पर वो दाग कैसा?

[ज्योति तत्काल बाँह छिपा लेती है।]

ज्योति : दाग काहे का...आप चाय पीजिए...पीजिए न...*(आँखें भर आती हैं, गला रुँध जाता है। आवेग की उठती हुई लहर को दबाने की कोशिश कर)* प्लीज़...

[घुटन भरी निस्तब्धता। ज्योति अचानक उठती है और तेज़ी से भीतर जाने लगती है।]

नाथ : ज्योति, ठहरो। भीतर मत जाओ।

[ज्योति खड़ी रह जाती है। मुड़कर नहीं देखती।]

नाथ : यहाँ आओ। तुम भरी सभा में से रोती चली जाओ, ये मैं नहीं सह पाऊँगा। पहले कभी ऐसा नहीं हुआ।

[वह ज्यों-की त्यों खड़ी है। रुलाई रोक रही है।]

नाथ : अगर तुम नहीं चाहतीं तो हम ये विषय बन्द करते हैं। मगर उठकर मत जाओ बेटे।

[ज्योति जहाँ खड़ी थी, वहीं किसी कुर्सी पर ज़रा पीठ करके बैठ जाती है।

ज़रा देर निस्तब्धता।]

नाथ : *(उठकर घूमते हुए। सोच-सोचकर)* ज्योति, मैं एक बिल्कुल अलग चीज़ कहने जा रहा हूँ। इस पर विचार करोगी तुम। अरुणजी से बात करोगी और फिर जो तय हो, हमें बताओगी। जल्दी नहीं है। यू कैन टेक युअर

टाइम। *(सेवा जयप्रकाश की दिशा में देखकर)* ये भी अच्छा है कि हमेशा की तरह हम सब लोग यहाँ इकट्ठा हैं। और तुम लोग ये मत सोचना कि मेरे दिमाग में बात अभी-अभी आयी है। पिछले कई दिनों से मन कर रहा है कि कहूँ। असल में, कल रात को कहने का निर्णय किया था। इसीलिए, आज हर हालत में मुझे बम्बई से लौटना ही था। ज्योति, मैं चाहता हूँ, तुम दोनों अब यहीं आकर रहो... *(मना करने को उतावली सेवा से)* वेट, वेट! मुझे बात पूरी करने दो, उसके बाद हर एक को अपनी राय ज़ाहिर करने का मौका दिया जायेगा। मैं ये क्यों चाहता हूँ, वो भी बता दूँ। हमारी ज्योति की शादी हुई और अरुण जी सिंगल रूम टेम्परली हासिल करने की उम्मीद बाँधे हुए थे, वो नहीं मिला। अन्दाज़ कभी-कभी गलत साबित हो जाता है। इसलिए जब तक मकान का पक्का इन्तज़ाम नहीं हो जाता, तब तक ज्योति अपने मायके में रहे और अरुण जी मकान ढूँढ़ें, ये इन लोगों ने तय किया। और आजकल हालत ये कि अच्छी-खासी रकम डाले बगैर पूना शहर में मकान मिलना आसान नहीं रह गया है; कब मकान मिलेगा इसका भी भरोसा नहीं है। इसलिए मेरा मन इस बात पर राज़ी नहीं होता कि शादी हो जाने के बाद दोनों अनिश्चित समय तक अलग-अलग रहें, खासकर अरुण जी आज इस दोस्त के यहाँ तो कल उस दोस्त के यहाँ डेरा डालें। ये मकान अपना है; बहुत बड़ा नहीं है मगर एकदम छोटा भी नहीं है। और ज्योति पहले ही से यहाँ रहती रही है। एक और आदमी आसानी से एकोमोडेट हो सकता है। हम एकोमोडेट कर सकते हैं। क्यों सेवा?...

[सेवा गम्भीर हो जाती है। उसे प्रस्ताव बिल्कुल नहीं भाया, परन्तु वह कोई जवाब नहीं देती।]

नाथ : जयप्रकाश जी?

जयप्रकाश : *(जैसे-तैसे)* जी...

नाथ : ज्योति, तुम्हारी क्या राय है!

[ज्योति अपनी जगह पर बैठी तीन-चार दफा सिर हिलाकर मना करती है। पीठ करके ही बैठी है।]

नाथ : तुम्हें प्रस्ताव मंजूर नहीं?

ज्योति : *(ज्यों-त्यों)* नहीं...नहीं...मंजूर नहीं...

नाथ : तुम्हें बदस्तूर वजह बतानी पड़ेगी।

ज्योति : वजह नहीं है, मगर मुझे मंजूर नहीं।

नाथ : हम लोग कभी इस तरह चर्चा नहीं करते। यू हैव टु गिव युअर रीजन्स ज्योति। मैंने अपने रीज़न्स दिये हैं।

[ज्योति चुप है।]

नाथ : नो-नो। वजह जो भी हो, तुम्हें बतानी पड़ेगी।

ज्योति : *(विवशता से)* वो...वो यहाँ...यहाँ नहीं आयेगा, इस मकान में नहीं आयेगा। क्योंकि...*(बहुत कोशिश करके)* मैं उससे अलग हो गयी हूँ...मैं दुबारा उसके यहाँ नहीं जाऊँगी...कभी नहीं जाऊँगी।

[सब लोग सकते में।]

ज्योति : सब ख़त्म हो गया है...

नाथ : *(एकाएक)* नो-नो ज्यो! डोण्ट टेल मी...

ज्योति : आई मस्ट टेल यू भाईजी, आई मस्ट। आयम् फेड अप् ऑफ हिम! फेड अप्! फेड अप्! *(फूट-फूटकर रोती है। बड़ी मुश्किल से अपने को ज़ब्त कर पाती है।)*

नाथ : *(उसके करीब जाकर)* क्या बात हुई? *(उसके करीब बैठकर जबकि वह बताना नहीं चाहती)* मुझे बताओ। हमेशा बताती रही हो, बताओ न! *(उसे स्नेह से बाँहों में समेटना चाहते हैं पर वह बाँहें अलग कर देती है।)*

ज्योति : मेरे लाड़ मत कीजिए भाई जी, मैं रो पड़ूँगी और मैं रोना नहीं चाहती। *(आवाज़ रुआँसी)* बगैर रोए मुझे सहना सीखना है। शिकायत तक नहीं करनी है। मैंने खुद फैसला किया था, मुझे अपने बल पर सहना होगा, अकेले...

सेवा : आखिर हुआ क्या है?

ज्योति : मैं नहीं बताऊँगी। मुझसे मत पूछो। *(अभी भी नॉर्मल नहीं हो पायी है।)*

जयप्रकाश : उसने तुम्हें मारा? दुबारा?

ज्योति : *(आँसू पोंछकर)* वो कोई बड़ी बात नहीं...

नाथ : तो हुआ क्या? ...जो तुमने एकदम आखिरी निर्णय कर लिया?

ज्योति : *(उठकर भीतर जाते हुए)* मुझे नहीं मालूम... *(फ़ोन की घण्टी की आवाज़ सुनकर बेहिसाब नफरत से)* उसी का होगा।

नाथ : *(फ़ोन पर)* हैलो नाथ देवलालीकर। कौन? अरुण जी? ...ज्योति? है। नमस्ते अरुण जी। मैं नाथ बोल रहा हूँ। हाँ, है। देता हूँ। ठहरिये। *(ज्योति से)* अरुण जी।

[ज्योति अतिशय अनिच्छा से रिसीवर लेती है।]

ज्योति : *(फ़ोन पर निष्प्राण स्वर में)* हैलो। *(सुनती है। मुँह पर क्रोध। सह पाने की सीमा समाप्त हो जाने पर भी संयम रखने की कोशिश। होंठ चबाती है। काफी सुन लेने के बाद)* थैंक यू। आई से थैंक यू सो मच। *(ज़ोर से रिसीवर रख देती है।)*

नाथ : क्या कह रहा था?

ज्योति : खाक कह रहा था। *(अपने को सँभालने की कोशिश करती हुई तेज़ी से भीतर चली जाती है।)*

जयप्रकाश : लगता है, जी पूरी तरह उचट गया है उससे।

सेवा : और होता ही क्या?

जयप्रकाश : पहले ही से उसके यही ढंग थे। कहाँ वो, कहाँ हमारी ज्योति!

सेवा : *(नाथ से)* और आप उसे यहाँ बुला रहे थे!

जयप्रकाश : भाई जी, आपको ये क्या सूझा? वो, यहाँ?

नाथ : *(सोच में डूबकर)* मैंने सोचा था, जो होना है यहीं हमारी आँखों के सामने हो ले...शायद नियन्त्रण रहे...मगर ये डिवेलपमेण्ट बहुत चिन्ताजनक है। *(डिस्टर्ब होकर चहल-कदमी करते हुए)* समथिंग हैज़ टु बी डन अबाउट इट...समथिंग...

सेवा : क्या करोगे तुम? गोद में बिठाके नसीहत दोगे?

नाथ : *(अचानक सन्तुलन खोकर)* स्टॉप इट आई से! स्टॉप

इट! उस लड़की के जीवन-मरण का सवाल है और तुम लोग मज़ाक़ करते हो? स्टूयूपिड! *(काँप रहा है।)*

[सेवा और जयप्रकाश इस आकस्मिक विस्फोट के कारण सन्न।]

जयप्रकाश : भाई जी, माँ मज़ाक़ नहीं कर रही थी...

सेवा : जाने दो प्रकाश।

नाथ : *(काफी नरम पड़कर)* आई नो! मेरा सन्तुलन जाता रहा। आई ॲपोलोजाइज़। सेवा, मुझे माफ कर दो।

सेवा : तुम्हारी तकलीफ मैं समझती हूँ।

नाथ : सेवा, ये खूबसूरत प्रयोग कहीं खण्डित न हो जाय। साकार होने को छटपटाता ये सपना हमारी आँखों के सामने धूल में न मिल जाय। हमें कुछ करना होगा, शादी को टूटने से बचाना होगा। सिर्फ़ हमारी ज्योति की खातिर ही नहीं...ये सिर्फ़ हमारी बेटी की ज़िन्दगी का सवाल नहीं है सेवा, ये...ये बहुत महत्त्व रखने वाला मसला है...ये एक बहुमूल्य प्रयोग है...

सेवा : *(रुखाई से)* इस मसले को लेकर मेरी भूमिका शुरू ही से साफ है। ये शादी असल में शादी है ही नहीं। तुम कह रहे हो तो तुम्हारे साथ हूँ। क्या करना है मुझे? मैं करूँगी।

[दरवाज़े की घण्टी देर तक बजती है।
जयप्रकाश दरवाज़ा खोलता है।
अरुण आया हुआ है। पिये हुए है।]

अरुण : *(दरवाज़े पर खड़े-खड़े)* जोती...जोती है ना? जोती कहाँ है? हमें जोती से मिलना है...

[जयप्रकाश मौन। स्तम्भ की भाँति खड़ा है।]

नाथ : *(आगे बढ़कर)* अरुणजी? आइये। भीतर तो आइये...

अरुण : नईं...हमें जोती से...*(पुकारकर)* जोती...जोती...

नाथ : *(अरुण को भीतर लाते-लाते)* पहले अन्दर तो आइए। बिराजिये। मैं ज्योति को बुलाता हूँ।

अरुण : अपने को टाइम नईं। जोती को बुलाओ हमको उसीसे मिलना है।

नाथ : *(जयप्रकाश से)* जाओ, ज्योति को बुलाओ। कहना अरुणजी आये हैं।

[आज्ञाकारी भाव से जयप्रकाश अन्दर जाता है।]

नाथ : *(अरुण से)* क्या लेंगे? बल्कि, हमारे साथ भोजन कीजिए ...आये ही हैं तो...

अरुण : नईं। आप जैसों के यूँ भोजन-ओजन की औकात नईं रखते अपन...

नाथ : क्यों? सेवा, ये भोजन करके ही जायेंगे।

अरुण : नईं। अपन जोती से मिलके उसके चरण छुयेंगे। उससे छमा माँगेंगे। और कुछ नईं चइये।

[जयप्रकाश आता है।]

जयप्रकाश : *(नाथ से इस तरह कि अरुण भी सुन ले)* ज्योति नहीं आ रही है, कह रही है, जो भी आये हों, कह दीजिए, चले जायें।

अरुण : *(उठकर)* सुना? जोती हमसे मिलना नईं चायती। हमारी जोती हमींसे मिलना नईं चायती। मेरी जोती मुजीको जाने को बोलती है। उसकी कोई गल्ती नईं है, कोई गल्ती नईं है, गल्ती तो हमींने की। अपरादी हम हैं, जबरदस्त अपरादी हैं उसकी निगाह में। चाय कुछ बी कर लें, हमारे अपराद को माफी नईं मिल सकती है। कबी नईं मिल सकती है। अपन भौत दुस्ट हैं, पाजी हैं, मादरचोद हैं...अपन...अपन उसको मारते हैं...इनी हातों से। भौत मारता हूँ मैं उसको, इनी हातों से मारता हूँ। जोती को मारता हूँ, मेरी जोती को कस्ट देता हूँ। जानवर से बी बदतर सलूक करता हूँ। बो मुजको कब्बी छमा नईं करेगी, मुजे मालुम है। जोती, तू मेरे भाग में नईं बदी है, येई सत्त है जोती। हम जैसे चमार आखिर गू मेंई सड़ेंगे। लेकिन जोती, हमने तुमसे दिल से प्यार किया है। मेरा प्यार जूठा नईं है जोती, सत्त है। इन हातों से तुमें कस्ट दिया...तोड़के अलग कर देना चइये साले हातों को! काटके फेंक देना चइये। *(पेण्ट की पाकिट में से छुरा बाहर निकालता है।)*

नाथ : *(चिन्ता से)* अरुणजी, छुरा रख दीजिए पहले...ये क्या करने जा रहे हैं...अरुणजी...

अरुण : नईं! अपन नईं रुक सकते! हात काटके जोती के चरनों में अर्पन कर देंगे। तब त समज पायेगी के अरुण का प्यार सच्चा प्यार था...

[सेवा गम्भीर है। जयप्रकाश पर कोई असर नहीं।]

नाथ : प्रकाश, छुरा...

[जयप्रकाश आगे बढ़कर छुरा छीन लेता है। अरुण रोक नहीं पाता।]

अरुण : मेरा छुरा लौटा देओ—अपना हात चीरकर अलग करने देओ...मेरी ज्योति की खातिर इत्ता त करनेई देओ। मेरे को मरने देओ... *(ज्योति का नाम लेकर ज़ोर-ज़ोर से रोता है।)* मैं नीच हूँ ज्योति...तुमारी जूतियाँ उठाने की औकात नईं रखता ज्योति...

नाथ : *(दारू का नशा होते हुए भी जो कृत्रिमता छिपी है, उसे समझकर)* अरुण जी, लोगों को तमाशा दिखाने की गरज नहीं है। शान्त हो जाइये। होश में आइये।

अरुण : मेरा पाप नईं धुल सकता...

नाथ : क्या रोने से धुल जायेगा? चुप रहिये। रोने की ज़रूरत नहीं। हम लोग तमीज़दार हैं। तमीज़ से पेश आइए।

अरुण : हमें ज्योति से मिला दीजे।

नाथ : देखेंगे। पहले शान्त हो जाइए। *(अरुण के शान्ति से बैठ जाने के बाद)* प्रकाश, ज्योति से कहो, हमने यहाँ बुलाया है।

सेवा : ठहरो प्रकाश। *(अरुण से)* आप ज्योति के साथ क्यों मार-पीट करते हैं?

अरुण : *(अपराध भाव से)* इसी बास्ते हमारी खोपड़ी पे दस जूते मारो आप! तो बी कम्पेन्सेट नईं होयगा, तो बी नईं।

सेवा : *(शान्तिपूर्वक)* मैं जानना चाहती हूँ, आप ज्योति के साथ क्यों मार-पीट करते हैं?

अरुण : *(कोशिश करके)* गरम खोपड़ी हैं अपन। ज़रा नसा बी कर लेते हैं। वो कुछ कैती है, फिर अपन बी सुनां देते

हैं। लड़ाई होई जाती है। फिर अपन सै नईं पाते। हात पे काबू ई नईं रैता...

सेवा : शादी होने से पहले जब आप हमारे यहाँ पहली बार आये थे, तब भी मेरे ही सामने यही बात हुई थी, याद है?

अरुण : हुई होएगी...

जयप्रकाश : हुई होगी नहीं, हुई थी।

सेवा : तब तो ज्योति आपकी पत्नी भी नहीं थी।

जयप्रकाश : और आप पिये हुए भी नहीं थे।

अरुण : अपन कौन दावा करते हैं साले, के आप लोगों जैसे तमीज़दार औ कल्चर्ड हैं अपन? बचपन में देखा है हमने, हमारा बाप रोज़ दारू पीके आया करे और मइया को मारा करे। मइया चिल्लाये, रोये रात-रात भर। अकेलियई। अबी तलक गूँजती है साला उसका बो फूट-फूटके रोना। कोई माई का लाल नईं आता था उसके आँसू पोंछने। मेरी मइया के भाई जी जैसा बाप नईं था और ना आप जैसी अम्माँ थी...

सेवा : ये मेरे सवाल का जवाब नहीं है।

अरुण : अपन हैंई भंगी की औलाद। आप लोगों जैसी बाँभनों की अहिंसक आदतें हम जानते ई नईं हैं। हम पियेंगे औ' जोरू मारेंगे...उससे प्यार करेंगे...पै पब्लिसिटी होयगी कि मारते हैं?

सेवा : पीकर या बगैर पिये भी पत्नी को मारना जंगलीपन कहलाता है।

अरुण : अपन हैं ई जंगली, पैदायसी जंगली! हम कहाँ अपन को वाइट कालर कल्चर्ड कैते हैं?

सेवा : ज्योति को इस किसम के जंगलीपन की आदत नहीं।

अरुण : अपन जो हैं सो हैं...औ' ऐसई रहेंगे। औ' ऐसे हैं सो आप की ज्योति को सादी करने से पैले बी मालुम था। फिर बी उसने हमारे साथ सादी की, अपनी मरजी से की।

सेवा : उसका ख़याल था कि शादी के बाद आप सुधर जायेंगे।

अरुण : अगर ऐसा ख़याल था तो नम्बरी चूतिया है आपकी ज्योति।

नाथ : *(सेवा को कुछ भी कहने से पहले रोककर)* सेवा, प्लीज़! *(अरुण से)* अरुणजी, जो कुछ हो चुका उसे धुनते रहने में कोई तुक नहीं। ज्योति ने अपनी मर्ज़ी से आपके संग शादी की है, ये परम सत्य है। *(फ़ोन की घण्टी बज उठती है। उस दिशा में जाते-जाते)* इसीलिए अपनी समूची ताकत लगाकर उसे निभाना ज्योति का फर्ज़ है... *(रिसीवर उठाकर)* हैलो, कौन? दुर्गादास? कहाँ से बोल रहा है तू? दिल्ली से या बम्बई से? *(ध्यानपूर्वक सुनते हैं।)*

[ज्योति इसी बीच आकर भीतर वाले दरवाज़े में खड़ी हो गयी है। औरों की तरह नाथ भी यह देखते हैं।]

नाथ : *(फ़ोन पर)* अच्छा...हूँ-हूँ...आई सी...दिस इज़ हर यूज़ुअल हुडविंकिंग टॅकटिक्स, इफ यू आस्क मी। ये सरासर गप्प है और बाकायदा फैलायी जा रही है। हॅल विद इमर्जेन्सी! कोई मज़ाक़ है दुबारा इमर्जेन्सी थोपना? अच्छा कुछ कमोबेश पता चले तो बताना। *(रिसीवर रखकर)* नॉन्सेन्स... *(ज्योति को ठीक देखकर)* हॅलो ज्यो! क्या इरादा है?

ज्योति : *(चलकर अरुण के करीब पहुँचती है। सिर झुकाकर)* चलो।

जयप्रकाश : ज्योति, तुम इस आदमी के साथ जा रही हो?

ज्योति : *(निश्चयपूर्वक और शान्ति से)* हाँ।

सेवा : *(स्वर में व्यंग्य)* पूरी तरह सोच लिया है इस बार?

ज्योति : हाँ।

नाथ : उसे जाने दो सेवा। उसे जाना चाहिए।

[जयप्रकाश छुरा अरुण को थमाता है।]

अरुण : थैंक्यू।

ज्योति : *(अरुण से पुख़्ता स्वर में)* हम लोग जा रहे हैं।

[बाहर वाले दरवाज़े तक जाती है। दरवाज़ा खोलती है। आँख के इशारे से अरुण को आदेश देती है : चलो।

दोनों चले जाते हैं।
सेवा अब टूट जाती है। बैठी रह जाती है।]

नाथ : *(ज्योति की दिशा में देखकर)* ज्योति, आई फील सो प्राउड ऑफ यू। मेरी दी हुई शिक्षा बेकार साबित नहीं हुई। *(यकायक उदास होकर)* अगर मैं ईश्वर में विश्वास करता तो इस क्षण ज्योति तुम्हारी खातिर उसके सामने दामन फैलाकर दुआ माँगता...

[धीरे-धीरे अँधेरा।]

दूसरा दृश्य

[वही स्थान। कुछ महीनों बाद।
नाथ पुस्तक पढ़ने में मग्न हैं।
सेवा लॅच-की की मदद से बाहर वाला दरवाज़ा खोल कर भीतर आती है। नाथ के सामने बैठ जाती है।]

नाथ : *(पुस्तक का आखिरी पृष्ठ पढ़कर पुस्तक अलग कर)* फॅन्टॅस्टिक! चमत्कार है! कितने सालों बाद इतनी खूबसूरत चीज़ पढ़ी है। *(अपने ही रंग में। सामने सेवा, गम्भीरता की मूर्ति।)* यू मस्ट रीड इट, सेवा। इतनी शक्तिशाली आत्मकथा किसी भारतीय भाषा में नहीं लिखी गयी होगी। अरुण जी ने कमाल कर दिखाया है। एक-एक प्रसंग हृदय को छू लेता है मगर निवेदन में ज़रा भी भावुकता नहीं है, और इंजेक्टनेस? क्या बात है! एकाध प्रसंग छोड़ दें तो कहीं भी बिना मतलब का सपाटपन नहीं, फैलाव नहीं। भाषा? वाह! हम लोग अपनी भाषा बोलना भूल चुके हैं। मगर ये हमारी असली, प्राणवान भाषा है। अंग्रेजी के प्रभाव से एकदम मुक्त। सौ फीसदी हमारी धरती की उपज! फाइन! तबियत खुश हो गयी...

सेवा : *(गम्भीरता से)* मैं कुछ कहूँ?

नाथ : *(जैसे होश में आकर)* सॉरी। कहो-कहो।

सेवा : *(गम्भीरता से)* ज्योति को डॉक्टर खरे के नर्सिंग होम में पहुँचा के आ रही हूँ।

नाथ : *(यकायक खड़े होकर)* क्यों? हमारी ज्योति ठीक है न?

सेवा : ठीक तो है। ...मगर दुबारा ब्लीडिंग शुरू हो गयी थी। छठा महीना चल रहा है। आगे मुश्किल न हो, इसलिए नर्सिंग होम में दाखिल करा दिया है। ज्योति इन्कार कर रही थी। मैंने ज़िद की, तब गयी। कुमुद बोली, चिन्ता करने की बात नहीं है, मगर शाम तक आब्ज़र्व करना पड़ेगा।

नाथ : वजह क्या थी? कुमुद ने कुछ बताया?

सेवा : बताना क्या? रोज़मर्रा की तरह दारू पीके आया था। ज्योति ने ज़्यादा कुछ नहीं बतलाया। कहती रही, कोई खास बात नहीं है। लेकिन पेट में मुँदी चोट आयी है। पड़ोसियों ने कहा था, लड़की को यहाँ मत रहने दीजिए। ले जाइये...हाथापाई करता है। लातें मारता है...

नाथ : *(सात्विक क्रोधपूर्वक)* मगर क्यों? कौन-सा अपराध करती है वो? ऐसा सुलूक किसलिए?

[सेवा मौन है।]

नाथ : गर्भवती पत्नी के साथ ऐसा बरताव! अगर मर जायेगी तो कौन लौटा लायेगा? ये...ये खूबसूरत आत्मकथा लिखने वाला शख्स ऐसी नीचता पर उतर सकता है? हाऊ? अपनी पुस्तक में लातों की मार का विलक्षण संवेदनाक्षम वर्णन करता है...और वही आदमी अपनी छह महीने की गर्भवती पत्नी के पेट पर लात मारता है। हाऊ डेअर ही डू इट टु हर? हाऊ?

सेवा : *(रुखाई से)* नाथजी, अपने से सवाल करते रहने से स्थिति में सुधार होने वाला नहीं है। जो सामने है हकीकत है, इसीलिए ये ज़रूरी है कि अकल से काम लें; देखें, क्या रास्ता निकल सकता है। ये ज़ाहिर है वो शख्स नौकरी धन्धा करने से साफ इनकार करता है, ज्योति पर बोझ

बनके जीना चाहता है। और ये भी ज़ाहिर है वो उसका ज़रा भी एहसान नहीं मानेगा। मेरी राय है कि इन दलितों को ये भी नहीं मालूम कि एहसान किस चिड़िया का नाम है।

नाथ : सेवा!

सेवा : तुम अपनी राय देते हो तो मुझे भी राय देने का हक है। तुम मुझे रोक नहीं सकते। हो सकता है, मेरी राय एक मूरख की राय हो, मगर वो मेरी राय है। और मेरी राय मैंने सामाजिक कार्य करते हुई बनाई है, घर में बैठकर नहीं बनाई। मतलब ये कि एक ख़ूबसूरत आत्मकथा और अनेक सुन्दर कविताएँ लिखने वाला तुम्हारा दलित दामाद निठल्ला रहके अपनी बीवी के रुपयों से रोज़ दारू पीना चाहता है, दोस्तों को भी पिलाना चाहता है, और मन-बहलाव की खातिर बीवी के पेट में लातें मारना चाहता है, क्योंकि बीवी उच्च वर्ण से आयी है न! उच्च वर्ण वालों ने उसके पुरखों को पीढ़ी-दर-पीढ़ी जो लातें जमायी थीं, उन्हें वो इस तरह वापिस कर रहा है! लगता है यही एक महान कार्य है जिसे करने का उसने बीड़ा उठाया है...

नाथ : सेवा, प्लीज...

सेवा : और इस महान कार्य के दौरान अगर उसकी बीवी मर जाती है तो मर जाये, क्योंकि दूसरी बीवी मिल सकती है, मगर हमारी बेटी मर जाती है तो दूसरी बेटी...

नाथ : फॉर गॉड्स सेक, सेवा...

सेवा : मुझे अपनी बात कह लेने दो...तो इसीलिए मैंने फैसला किया है कि ज्योति को यहाँ घर पर ले आऊँगी। सिर्फ़ ज्योति को, उसके आदमी को नहीं। कम-से-कम जब तक डिलिवरी नहीं हो जाती, यहीं रहेगी। मगर तुम्हारी महाजिद्दिन लड़की मेरा कहा माने तब न! अभी वहाँ कुमुद के नर्सिंग होम में तरह-तरह से समझाया...*(यकायक अनरोक सिसकी। उसे जैसे-तैसे दबाकर पल्लू से आँसू पोंछकर)* सॉरी। वो है कि मानती ही नहीं है। मुझसे

बोली, तुम लौट जाओ, दुबारा मत आना। आगे क्या करेगी, नहीं जानती। ...आज शाम को झोंपड़पट्टी वाले अपने गन्दे कमरे में उठ जाने की कह रही थी।

[नाथ बेचैन। फ़ोन की घण्टी बजती है।]

नाथ : *(खिन्न होकर फ़ोन पर)* जी, मैं नाथ। नाथ देवलालीकर बोल रहा हूँ। जी। पढ़ो। जी। खूबसूरत है। बहुत खूबसूरत चीज़ है। गोष्ठी रखना चाहते हैं? अच्छा है। अच्छा रहेगा। मैं? नहीं, मैं इन्वॉल्व्ड पार्टी...रिश्तेदार हूँ। नहीं, मुझे मत अटकाइये। सुनने को चला आऊँगा; लेकिन बोलने को मत कहिये। नहीं भाई, नाम अनाउन्स मत कीजिए। मैं नहीं बोलूँगा। बोलने वालों की क्या क़मी है! नानासाहब से कहिये। बाबासाहब हैं। पी.एल. को एक कॉपी दीजिए। अगर पढ़ लें तो बोल सकेंगे। आप कहें तो उन्हें फ़ोन कर सकता हूँ। प्लीज़ लीव मी आउट, प्लीज़... नहीं-नहीं। मैं कमिट नहीं कर सकता हूँ, ध्यान रहे। *(रिसीवर रख देता है।)*

सेवा : साफ-साफ इनकार करना बड़ा मुश्किल हो जाता है? है न?

नाथ : *(परेशानी से)* कितनी ही बार कहा लेकिन वही...कि बोलो।

सेवा : और बोलना तुम्हें अच्छा लगता...

नाथ : *(गुस्सा होकर)* उसने लिखा भी अच्छा है...

सेवा : अगर मुझसे बोलने को कहें तो मैं क्या कहूँगी, बताऊँ? मैं कहूँगी, इस अच्छी किताब में इसके लेखक के अन्याय और शोषण के बारे में जो लिखा है, वो महज़ ढोंग है। क्योंकि ये आदमी खुद मेरी बेटी का शोषण कर रहा है। ये परजीवी की तरह मेरी बेटी का खून चूसकर निर्लज्ज बना जीता है और ऊपर से दारू पीकर उसे लातें मारता है। उठते-बैठते उसकी जात और उसके माँ-बाप का ज़िक्र करता है और उन पर गन्दी गालियों की बौछार करता है।

नाथ : गालियाँ? हमें...

सेवा : ये ज्योति ने नहीं बताया, उसके पड़ोसियों ने बताया। वो उससे कहती है, तू मुझसे कुछ भी कह ले, मुझे मार

भी ले, मेरे माँ-बाप का नाम मत ले। और ज्योति को सताने की खातिर वो तुम्हें और मुझे...

नाथ : क्या कहता है?

सेवा : मत पूछो...

नाथ : क्या कहता है? बताओ...

सेवा : मुझे...सोशलिस्ट नेताओं को सेवादल की लौंडियाँ सप्लाई करने वाली कुटनी कहता है...

नाथ : नो! नो...डोण्ट टेल मी।...

सेवा : और भी बहुत-कुछ कहता है, तुम सुन नहीं पाओगे।

नाथ : *(अधीर होकर)* और मुझे? मुझे क्या कहता है?

सेवा : जाने दो।

नाथ : आई मस्ट नो। मुझे क्या कहता है वो?...सेवा, क्या कहता है मुझे वो?

सेवा : मुझसे मत पूछो...

नाथ : तुम बताती क्यों नहीं हो? क्या कहता है?

सेवा : मैंने कह दिया है, मुझे फोर्स मत करो तुम...

नाथ : *(उसके कन्धों पर हाथ रखकर)* नहीं...पहले बताओ...मुझे भी तो पता चले...बताओ सेवा...

सेवा : नहीं...

नाथ : *(उसे झकझोरकर)* मुझे क्या कहता है?

सेवा : *(बहुत कोशिश करके)* तुम...तुम ज्योति के असली बाप नहीं हो। तुम...गुरुजी की तरह...नपुंसक हो...उसका असली बाप...*(आगे बोला नहीं जाता।)*

[लॅच-की से दरवाज़ा खोलकर जयप्रकाश आया हुआ है और खड़ा है। उसके हाथ में शाम को निकलने वाला अखबार है।]

जयप्रकाश : *(दरवाज़ा पीछे से धकेलकर बन्द कर देता है। जो दृश्य देखता है, उससे पसोपेश में पड़ जाता है।)* सॉरी। मैं ...रोज़ की तरह...एकदम भीतर आ गया...

नाथ : *(बेचैन और झुँझलाया हुआ)* इट्स...ऑल राइट...मैं इनसे...

[जयप्रकाश स्थिति को समझकर असमंजस में पड़ जाता है और भीतर की तरफ जाने लगता है।]

नाथ : भीतर जाने की ज़रूरत नहीं है। यू कैन...बी हिअर...

जयप्रकाश : अगर आप मूड में हों तो...एक बात दिखाना चाहता था... ऐसे कोई बड़ी बात नहीं है, लेकिन एक ख़याल दिमाग में आया तो...

नाथ : *(प्रकृतिस्थ होकर)* शूट। बोलो...

जयप्रकाश : *(अखबार दिखाकर)* इसमें एक खबर छपी है।

नाथ : खबर? कैसी खबर?

जयप्रकाश : कोई खास नहीं है। छपा है कि मिडिल ईस्ट में पॅलैस्टिनियन गुरिल्लों के खिलाफ इज़राइली फौजों ने ज़बरदस्त मुहिम छेड़ दी है। मुहिम में गुरिल्लों का रसद-पानी बन्द करने के लिए, हर आसरा, मदद खत्म करने के लिए इज़राइली फौजें पैलैस्टिनियन अरब नागरिकों के तमाम गाँवों को तबाह करती जा रही है। सिर्फ़ पुरुषों को ही नहीं, बल्कि निर्दोष स्त्रियों और अबोध शिशुओं तक को मौत के घाट उतार रही हैं, उन पर घिनौने अत्याचार कर रही हैं...इसमें लिखा है।

नाथ : वो जंग है जयप्रकाश...

जयप्रकाश : है। पर याद आता है कि कोई चालीस साल पहले हिटलर की नाज़ी फौजों ने ज्यूज़ की अमानुषिक हत्याएँ की थीं। आप ही ने उनके बारे में मुझे किताबें दी थीं पढ़ने को। मुझसे पढ़ा नहीं जाता था, पर आपने कहा था कि जयप्रकाश, पढ़ो, ये इतिहास तुम्हें मालूम होना चाहिए। और आज ज्यूज़ पॅलैस्टिनियन औरतों-बच्चों के हत्यारे बने हुए हैं।

नाथ : *(बेचैन होकर)* कहना क्या चाहते हो?

जयप्रकाश : यह कि कभी जिनकी हत्याएँ की जा रही थीं, आज वही किसी और की हत्या कर रहे हैं।

नाथ : हो सकता है कि अपनी सुरक्षा के लिए वही ज़रूरी जान पड़ता हो...

जयप्रकाश : हो सकता। हो सकता है कि अपनी सुरक्षा की गरज से औरतों-बच्चों को गोली से उड़ा देना उन्हें ज़रूरी जा़न पड़ता हो। पर इसका मतलब यह कि जो एक दिन

अत्याचार के शिकार होते हैं, वही आगे चलकर दूसरों पर उतने ही घिनौने अत्याचार कर सकते हैं। हो सकता है कि वैसा करते समय उन्हें किसी प्रकार का आनन्द भी मिलता हो। शिकार बनने वाला अवसर पाते ही दूसरों को शिकार बनाने में सुख लूटता हो। जिसका शोषण किया जाता है, वही मौका पाकर किसी और का शोषण करते हुए फूला न समाता हो!

[नाथ एकदम गम्भीर।]

जयप्रकाश : इसका मतलब यही कि अपनी तरह दूसरों का शोषण न हो, कम-से-कम अपनी वजह से, अपने हाथों न हो, ये हमें मंजूर नहीं; उलटे मौका सधते ही खुद जबरदस्त अत्याचारी हो जाता है, कसकर शोषण करता है, क्योंकि वैसा करने में उसे आनन्द मिलता है।

[नाथ बेचैन।]

जयप्रकाश : यानी कल का शोषित आज शोषक बन बैठा है। कल अगर गोलियाँ खायी थीं तो आज गोली चला सकता है...यानी इनसान अनुभव के सहारे अच्छा इनसान बनता है इसका भरोसा नहीं, वो और भी बड़ा शैतान बन सकता है...

नाथ : *(आवेशपूर्वक)* ये गलत है। एकदम गलत है। सिर्फ़ एक उदाहरण देकर ऐसा उल्टा निष्कर्ष निकालना पागलपन है। आम ज्यूज़ जनता इन अत्याचारों के खिलाफ आवाज़ बुलन्द करके ही रहेगी। यों देखो, मनुष्य की सभ्यता जिसे स्वयं मनुष्य ने आज तक विकसित किया, उस सभ्यता को, संस्कृति को, टोटल सिविलिज़ेशन को तुम नकार रहे हो...

जयप्रकाश : टोटल नहीं, मैं सिर्फ़ उस हरामी...अरुण के सुलूक को समझने की कोशिश कर रहा था...

[प्राणलेवा निस्तब्धता।]

नाथ : *(सात्विक क्रोध से)* प्रकाश! अपने शब्द वापस लो!

जयप्रकाश : *(सिर झुकाकर खड़ा रह जाता है। फिर)* गलती हो गयी। आई ॲपोलोजाइज़।

नाथ : कौन से संस्कार देकर तुम्हें पाला-पोसा, बड़ा किया और तुम। ...किसी भी मनुष्य के बारे में किसी भी परिस्थितियों में अनादर दिखाना गलत है। हम सुसभ्य और सुसंस्कृत हैं।

[जयप्रकाश चुप रहता है।]

सेवा : प्रकाश ने जानबूझकर नहीं कहा। जो मन में था, मुँह से निकल गया।

नाथ : ऐसी बात मन में लाना भी गलत है।

सेवा : बिल्कुल नहीं। कोई उस जैसा सुलूक करेगा, तो मन में आयेगा-ही-आयेगा। गलती गलत सुलूक करने वाले की है या गलत सुलूक देखके उँगली उठाने वाले की? ...मैं जानती हूँ, यह तो वही बात है कि 'ठोकर लगी पहाड़ की तोड़े घर की सिल'! गुस्सा आया है असल में उसपै...अरुण पै...

नाथ : *(जैसे मन का चोर पकड़ा गया हो)* नहीं, बिल्कुल नहीं। ...*(ज़रा नरम पड़कर)* गुस्सा नहीं आया, ये तो मैं कोई साधू-महात्मा नहीं हूँ; मगर इसका ये मतलब नहीं कि मैं उसे इनसान ही न मानूँ, उसका अनादर करूँ।

[दरवाज़ की घण्टी बजती है।]

जयप्रकाश : *(पीपिंग होल में से बाहर झाँककर सेवा और नाथ से धीमे स्वर में)* वो आया है। अरुण। साथ में कोई दो और भी हैं।

[विचित्र निस्तब्धता।]

नाथ : *(तनावपूर्ण स्वर में)* दरवाज़ा खोलो।

[सेवा उठकर भीतर चली जाती है।
जयप्रकाश दरवाज़ा खोलता है।
अरुण और उसके साथ दो अन्य व्यक्ति आते हैं। उनमें से एक अरुण की हरिजन बिरादरी का है। दूसरा हरिजन बिरादरी का समर्थक एक सफेदपोश है। हाथ में ब्रीफकेस लिए हुए है।
अरुण और वे दोनों मुस्कराते हुए भीतर आते हैं। नमस्कार करते हैं।

नाथ उन्हें हाथ के इशारे से बैठ जाने को कहते हैं। वे अभी तक तनाव में हैं। वे तीनों बैठ जाते हैं। दोनों औपचारिकता में उलझे हुए हैं। सिमटकर बैठते हैं। अरुण घरेलूपन बरतता है। फैलकर बैठता है। उसके कुछ बरताव में सधी हुई मक्कारी और नाटकीयता ध्यान में आती है।

जयप्रकाश एक कोने में खड़ा है।]

नाथ : *(अरुण को भूलकर अन्य दोनों को देखकर)* कहिये, क्या आज्ञा है? कैसे कष्ट किया?

अरुण : अपन तो इन महानुभाओं से पैलेई के कै रए थे के सिरीमान जी, आपई जाओ, हम नईं चलते। पै ये सुनतेई नईं थे। बोले, चलनई पड़ेगा, सो हम बँधे चले आये। हमने कई, सुसराल की सैर सई, कऔ है के नईं? वरना कहाँ हो पाता है आना-जाना! आजकल निमनत्रनों का ताँता लगा हुआ है। भासन देने की क्रिया कीजिए, दावत पै आने का कस्ट कीजिए, काकटेल का पुरग्राम है, कमस-कम चाय पैई आइये...लब्दप्रतिस्ट लेखक हैं अपन आजकल। हाई सुसाइटी में लब्दप्रतिस्ट लेखक का नम्बर पालतू कुत्ते के बाद लगता है, समज लेओ, हाँ। क्या कई? ...परिचै करना रै गया। *(नाथ से)* ये हमारे हम्मीरराओ कामले। दलित साहित के तगड़े निबन्दकर! भौत गुनी परन्त उपेच्छित लेखक! औ आप हैं बामनसेठ नेऊरगाँवकर! दलित साहित्तकारों को हमेसा अपने पैसे से खिलाने वाले, दलित साहित्त के चोटी के आलोचक, होटल चलाते हैं, मगर अपने होटल के समोसों की नाईं सदाबहार! कऔ बामनसेठ? ...आप सज्जनों की एक सन्स्था है, प्रगतसील दलित साहित्त परसद। *(दोनों को आँख मारता है।)* है के मानी हैऽ! तो साब, आजकल हमारी एक क्रिती की भौती तूती बोल रई है। आपको ज्ञातई होयगा! आत्मकथात्मक उपन्यास है। असल में आपको एक प्रती पैलेई भेंट करनी चइए थी, मगर अपन ठैरे बिजी उर्फ आलसी आदमी, सो रैई गया। कऔ

बामनसेठ, लाये हो? बामनसेठ हमारे प्रकासक बी हैं। *(बामनसेठ फीकी हँसी हँसकर जताता है कि नहीं लाया)* नईं लाये? कोई बात नईं। *(नाथ से)* ये हो जाता है। घर के ई लोग दिमाग से हट जाते हैं। *(दूसरे साथी से)* पै हमारे नाथजी भौत्ती अध्यौसाय बाले होते हैं ना, वो हैं। आपकी काकदृस्टी से कोई बी उमदा चीज छूट नईं पाती है। उनने हमारी आत्मकथा ज़रूरई पढ़ी होयगी। कऔ नाथजी, पढ़ी के नईं।

[नाथ अनिच्छा से स्वीकार करते हुए सिर हिलाता है।]

अरुण : *(साथियों से)* कऔ, हमारा अनमान कबी गलत साबित नईं होता है। *(नाथ से)* इन महानभाओं का कैना है... आग्रैपुर्बक कैना है के हमारी आत्मकथा पै जो गोस्ठी हो रई है, उसकी अध्यच्छता आप करो। कऔ बामनसेठ? कऔ भई हम्मीरराओ? *(दोनों सिर हिलाकर सम्मति सूचित करते हैं।)* इससे जो बेहेस होयगी उसमें एक प्रिकार की गम्भीरता रहेगी, ऐसा इनका कैना है। अपना कुची बी कैना नईं है।

नाथ : *(तकल्लुफ से)* अभी इसी बारे में एक फ़ोन आया था...

अरुण : बो दूसरे ई...नगर पुस्तकालै के गोस्टी बालों का होयगा। आजकल जहाँ देखो तँहा हमारे वर्क का बोलबाला है। ये लोग हमारे खास आदमी हैं। *(दोनों को जता देता है।)* इन लोगों का आग्रै आप आर्डनरी नईं मान सकते हो। येई सोचके इन लोगों ने आपका नाम बतौर अध्यक्छ घोसित कर दिया है...

नाथ : *(अचरज से)* बगैर मेरी अनुमति लिए?

अरुण : *(दोनों साथियों से)* लेओ, हमने पैलेई बताया था... नाथजी को ऐसी बातें अच्छी नईं लगतीं। *(नाथ से)* ये हमसे बोले के नाथ सोस्सलिस्ट हैं, आजकल एमेले हैं, दगा नईं देगा। नाथजी मनै नईं कर सकते हैं। और फिर ससुर ठैरे तुमारे...ये लोग कै रए थे...

नाथ : ऐसे तो इस पुस्तक पर बोलने वाले कितने ही वक्ता मिल सकते हैं...

अरुण : मिली रए हैं। सनेमा के टिकट के बास्ते लगते हैं न, ऐसेई किऊ लगे हुए हैं बक्ता लोगों के। सुना है, एक-एक अनुभौ पढ़-पढ़के होस फाखता हो जाते हैं प्रोफेसर-डाक्टरों के। पिछले पाँच दसकों में...के दस दसकों में? कऔ जी बामनसेठ? दस दसकों में ऐसा नईं लिक्खा गया है, ऐसी गुनगुन कर रए हैं आलोचना के छेत्र के आपके मच्छर। कै रए थे साहित्त अकादमी का पुरस्कार सोई मिलने बाला है। मिले, मिलता होय तो। *(साथियों से)* देखा बी है। सालों ने कबी का जीबन कौन गदइया का गू होता है! तमाम साहित्त में पेटी बूर्जुआइज्म, नईं तो रोमाण्टिकबाद भर रक्खा है। संत कवियों के बाद अपनई तो हैं, दूसरा है कौन? *(नाथ से)* नाथ जी, हमारे लोगों ने पोष्टरों और इनबिटेसनों पै आपको छपाई दिया है...

नाथ : *(तेज़ पड़कर)* वो मेरी ज़िम्मेदारी नहीं है...

अरुण : न होय ज़िम्मेदारी आपकी, पै लोग तो इसी उम्मीद से आयेंगे के नाथजी भासन देंगे। है ना हम्मीरराओ? *(हम्मीरराव स्वीकृतिसूचक तरीके से सिर हिलाता है।)* आप अगर नईं पदारोगे तो बेकार में गलतफैमी फैलेगी ...बिना मतलब कारन ढूँढ़े जायेंगे...

नाथ : *(षड्यन्त्र समझकर)* कैसे कारन?...

अरुण : ऐसे तो हमारे लोग बाकायदा एक्सप्लिनेसन देएँगे ई... *(बामनसेठ को आँख मारकर)* अपरहार्र कारनों से नाथजी, आद-आद...पै आजकल लोगबाग भौती चालू किसिम के हो गये हैं, सो फौरन एक से एक जोड़ के ग्यारा बोलेंगे। कहेंगे, ससुर-दामाद में पटती नईं है, अपन जो हैं सो आपकी बिटिया के संग मार-पीट करते हैं या ऐसई कुछ-कुछ...है ना बामनसेठ? *(वह हाँ कहता है।)* लोग ये बी कै सकते हैं कि हमने आपकी बिटिया को घर में से निकाल दिया है, क्या ठिकाना भाई लोगों का? ...अच्छा, कुछ ऐसे बी तीरन्दाज़ निकलेंगे ई, जो स्याद कहें दामाद की उन्नति ससुरसाब से सैते नईं बनी...दलित दमाद को साहित्त में ऊँचा अस्थान पाते देखके ससुरसाब का

सोसलिस्ट उच्चबर्नी जी जलके कोयला हो गया...

नाथ : *(क्रोध से)* नॉन्सेन्स! लोग मुझे अच्छी तरह पहचानते हैं।

अरुण : सई बात! *(साथियों से)* आप लोगों ने इसका नाम डालके बड़ी गल्ती कर दी है...अब गड़बड़-घुटाला होय तो हमें गाली मती देना! नाथजी, अपन बेकार में आग्रै नईं करते। आप लोग काम-काजी आदमी ठैरे! साल-छमाहे हमारे बाँटे आ जाये तो अहो भाग! आपका रब्त-जब्त बड़े लोगों से! हमारे ये लोग ओछी जात वाले! मुरदा जानवर का गोस्त खाके पलने-पुसने वाले। है ना हम्मीरराओ? हमारे पुरखे ठैरे गू-मूत खोपड़ी पै रखके ढोने वाले। हमारा महान सौभागई समझ लेओ, के एक उच्चबरन सादन-सूचिता वाले घराने की गोरी चिट्टी लौंडिया हमारे बाँटे पड़ी। *(साथियों से)* हमारी आदरनीय सासजी हमसे भौत पैले से नाराज हैं। उनने चाहा होयगा गोरटा, सुन्ने की सिकड़ी पैनने बाला, डिगरीधारी, ऊँची कुर्सी जिसके पैंदे से चिपकी होय ऐसा दमाद, औ उनके करम में लिक्खे ये अपन! कवि और लेखक! और दलित! गाँड़ पै नईं लँगोटी हमारे। तो नाथजी, आप नईं आओगे अध्यक्छता करने?...

नाथ : *(संयमपूर्वक निश्चय से)* नहीं। आप लोग मुझ पर निर्भर न करें।

अरुण : *(उठते-उठते)* चलो जी बामनसेठ, हम्मीरराओ, दूसरी दुकान देखें। अध्यक्छ का क्या, टके सेर मिलते हैं। गोस्टी की प्रतस्ठा का सबाल था, इसी बास्ते अपन नाथजी के याँ पैर की धूल झाड़ने आये। चलो, पकड़ते हैं एकाद सर्बोदयी प्रोफेसर या मार्क्सबादी बिद्दबान। बो लोग निमनत्रन की राह देख रए होंगे। *(नाथ से)* इन लोगों की खामख्याली थी के आप दलितों के हिमायती हो, एक गाँव एक कुआँ के सत्याग्रै करते हो, बिधान-परिसद में समाजवादी भासन देते हो, और आदर्स की पुंगी बजाके अपनी बेटी एक दलित से ब्याह दी है तो आप जरूर आओगे। *(दोनों साथियों से)* चलो। *(उन्हें लेके दरवाज़े*

की ओर बढ़ता है। वहाँ जयप्रकाश खड़ा है। उससे) कऔ सालेसाब, कैसा चल रा है तुमारा सेबादली संघिष्ट चूतियापा? *(दोनों साथी बाहर जा चुके हैं। दरवाज़े के बिल्कुल करीब पहुँचकर)* गुडबाई! *(बाहर जाकर दरवाज़ा खींच लेता है।)*

[नाथ सन्तप्त। जयप्रकाश मौन।]

नाथ : *(अन्यन्त क्रोध से)* स्काउन्ड्रल...

[सेवा अन्दर से आती है। नाथ के शब्द सुनती है।]

नाथ : मुझसे पूछे बगैर मेरा नाम भी छाप दिया...मुझे ब्लैकमेल करना चाहता है! जैसे मैं उसके सामने घुटने टेक दूँगा! मेरी बेटी की दुर्दशा सहके सभा में इसपे लाचार विशेषण लुटाऊँगा! मितली आ रही थी मुझे उसके उन्मत्त अहंकार पर। वही है ये आत्मकथा का लेखक? विश्वास नहीं होता। उसके यहाँ आने भर से ये ड्राइंगरूम, ये घर, आज का दिन...सब गंधा गया है। सेवा, नहाने को मन कर रहा है। ये फर्नीचर—ये फर्श...धो डालो सब...ये सब गन्दा हो गया है, छूत लग गयी है। कैसे आदमी से साबका पड़ा है।

[एक कोने में जयप्रकाश सेवा को सारी बातें बयान कर रहा है।]

जयप्रकाश : *(समापन कर)* ऐसे चला गया जैसे दंगल जीत के पहलवान अखाड़े के बाहर जाता है।

नाथ : *(अतिशय क्रोध से)* अरे तो हम भी दंगल में उतरे हैं कहना! तुझसे भी सौ गुना तगड़े प्रतिद्वन्द्वियों के मुकाबले में! आई विल बी द लास्ट पर्सन टु सबमिट टु दैट ब्लैकमेल! इस भ्रम में न रहना कि मोम से भी मुलायम हैं! वज्र तक को चकनाचूर कर देने वाली निष्ठा है हमारी! ये नाथ देवलालीकर न कभी किसी की जेब में पड़ा रहा है, न कभी रहेगा...

**[सन्तप्त होकर चहलकदमी करते हैं।
सेवा विचारमग्न है।
जयप्रकाश सिर्फ़ दर्शक है।]**

सेवा : मैं एक बात कहूँ?

नाथ : *(ज़रा शान्त होकर)* क्या...? कहो।

सेवा : तुम्हें भाषण देने जाना पड़ेगा...

नाथ : ओ नो! चाहे जान चली जाये...

सेवा : पहले मेरी बात सुन तो लो, फिर जो चाहे, तै करना। ...देखो, हम लोग बुरी तरह फँस गये हैं। अगर हम उसे दुखाते हैं तो यही मतलब होगा कि वो ज्योति को और भी सताये। *(नाथ कुछ कहना चाहता है, उसे रोककर)* ठहरो, मुझे बात पूरी करने दो। ज्योति की आज की हालत देखते हुई भय होता है। सवाल उसके जीवन-मरण का है। और ज्योति हमारी बेटी है। तुम्हारे सिर्फ़ मना करने से ही वो ज्योति को नये सिरे से सताना शुरू कर देगा। और अगर तुम सचमुच नहीं जाओगे तो वो पगलाया हुआ है ही ज्योति के साथ जाने क्या...*(बोल नहीं पाती।)* इसीलिए तुम्हें जाना पड़ेगा। अध्यक्ष बनना पड़ेगा। पुस्तक की तारीफ करनी पड़ेगी, क्योंकि वही हमारी गरज है।

[नाथ बोलने की कोशिश करते हैं, मगर उनसे बन नहीं पड़ता।]

सेवा : नाराज़ मत होओ, लेकिन इन सब बातों के लिए तुम्हीं ज़िम्मेवार हो।

[अब नाथ की दृढ़ता ढह जाती है। वे असहाय महसूस करते हैं। शक्तिपात होकर सोफा में धँस जाते हैं।]

नाथ : *(सिर नीचा करके)* आई एक्सेप्ट। मैं गोष्ठी में जाऊँगा। अध्यक्ष बनूँगा। अपने भाषण में उसकी प्रशंसा करूँगा, जितनी भी बन पड़ेगी।

जयप्रकाश : *(क्रोध लावा की तरह बहाकर)* डैम्ड! डैम्ड! डैम्ड! *(ताव में आकर बाहर चला जाता है। लॅच का दरवाज़ा आवाज़ के साथ बन्द हो जाता है।)*

[निस्तब्धता।

सेवा शान्ति से नाथ के करीब जाती है।

हौले से उसके कन्धे पर हाथ रखती है
और थपथपाती है।
धीरे-धीरे अँधेरा।]

तीसरा दृश्य

[वही स्थान। रात के लगभग नौ बजे।
ड्राइंगरूम में कोई नहीं है। सिर्फ़ एक नाइटलैम्प जल रहा है।
लॅच-की की मदद से दरवाज़ा खुलता है।
सेवा और नाथ बाहर से आते हैं। सेवा बड़ा लैम्प जलाती है। नाथ सोफा पर बैठ जाते हैं। थके-हारे उदास।
अब जयप्रकाश बाहर से आता है। हौले से दरवाज़ा बन्द कर देता है। जयप्रकाश और सेवा थके-माँदे नाथ को देखते हैं। ऐसे ही कुछ क्षण बीत जाते हैं।]

सेवा : पानी ला दूँ?

नाथ : नहीं।

जयप्रकाश : कॉफी पियेंगे भाई जी?

नाथ : नहीं, रहने दो।

सेवा : *(नाथ से)* ज़रा आराम से लेट जाओ न?

जयप्रकाश : सिर दबा दूँ अगर कहें तो। आराम पायेंगे।

नाथ : मैं बीमार हूँ क्या? अरे भई, आयम् ऑल राइट, फाइन। आते ही कपड़े बदलने के बजाय यहीं बैठ गया बस।

जयप्रकाश : आपकी पसन्द का रविशंकर का रिकॉर्ड बजाऊँ?

नाथ : प्रकाशजी, आज पितृभक्ति के सारे रिकॉर्ड तोड़ रहे हैं। क्या बात है?

जयप्रकाश : नहीं, पूछा...

सेवा : *(सप्रयास नाथ से)* इट वॉज़ अ गुड टॉक...है न प्रकाश?

जयप्रकाश : लोग भी कह रहे थे कि भाई जी का भाषण सबसे ज़्यादा टु द पॉइन्ट और नपा-तुला था।

नाथ : क्या झूठ बोलने की होड़ बदी है तुम लोगों ने?

जयप्रकाश : झूठ कैसे?

नाथ : क्या तुम ये सोचते हो कि मैं जो बोलता हूँ, उसे सुन नहीं पाता? ...मैं आज जो बोला वो एकदम कंडम था। एकदम खोखला, गोलमोल! सपाट! निरर्थक शब्द!

सेवा : हमें तुम्हारा भाषण अच्छा लगा।

नाथ : तुम पर भी यह नौबत आ गयी है सेवा, कि अपना स्वभाव भूलकर मेरी हाँ में हाँ मिलाओ? ...तुम अच्छी तरह जानती हो कि मेरी वाणी के साथ बलात्कार हुआ है...

सेवा : तुमने अपनी राय ही तो ज़ाहिर की है...

नाथ : उस पुस्तक के विषय में मैं ज़रा भी अच्छी राय नहीं रखता।

सेवा : उस रोज़ पूरी पुस्तक पढ़के तुम्हीं तो...

नाथ : उस रोज़ मैं मूर्ख था, नासमझ था। आज नहीं हूँ। वो पुस्तक कोई उपन्यास नहीं है, एक आत्मकथा है। यथार्थ जीवन में जीने वाले एक इनसान की तस्वीर है। और ये ज़िम्मेवारी कि वो सत्य को पकड़े रहे, उस इनसान की है। लेकिन वो सत्य खालिस असत्य है, पाखण्ड है। चालाकी से भरा एक कलात्मक पाखण्ड है। उसमें उभरने वाला आदमी झूठा है, उसके जीवन-मूल्य नकली हैं। वो ज़्यादा-से-ज़्यादा एक सुन्दर उपन्यास है सेवा, इसीलिए बहुत धोखादेह है। क्योंकि ऐसा पाखण्ड एक अवसरवादी को जन्म देता है। उस अवसरवादी में शैतान छिपा होता है। आत्मकथा का जो लेबल उस पर चिपकाया गया है, उसे उखाड़कर ये लेबल लगाना चाहिए कि ये यथार्थ का आधार लेकर लिखा गया मनगढ़न्त उपन्यास है! *(लम्बी साँस लेकर)* नहीं, सभी दलित ऐसे नहीं होंगे, नहीं ही होंगे। वे व्यथा जानते हैं, इनसानों में गिने जाने की खातिर उन्होंने ऊँची कीमत चुकाई है। वे अपनी व्यथा समझते हैं, दूसरों की व्यथा भी निश्चित ही जानते होंगे। *(बेचैनी की वजह से चहलकदमी शुरू कर देते हैं। मुख*

पर व्यथा।) ज्योति को देखा था सेवा? कितनी दुबला गयी है। देर से आयी थी और पीछे कहीं बैठ गयी थी। मैंने स्टेज पर से देखा तो मेरे हूक उठी कि उसके करीब जाऊँ और कहूँ, बेटे, तुमने ये क्या हालत कर डाली है अपनी! *(भावुकता से अपने को दूर करके)* मैं उसके चेहरे पर अपने भाषण का खोखलापन पढ़ रहा था। ग्यारह या ज़्यादा-से-ज़्यादा बारह की रही होगी, तभी से वो हमारी वक्तृता की अधिकारी समीक्षक रही है। मेरे घर में घुसते ही मुझे घेर लेती थी। कहा करती थी, भाई जी, फालतू बकवास की, दुबारा मत कीजिएगा। अगर भाषण पसन्द आ जाता तो आनन्द और गर्व मेरी बच्ची की आँखों से छलक-छलक उठता था। आज वही ज्योति यहाँ होती तो... *(चुप रह जाते हैं।)* मेरी आज की बेईमानी से मेरी ज्योति का जीवन ज़रा तो सहने लायक होगा। होगा न सेवा?

सेवा : *(गम्भीरता से)* तुमने मेरी बात रख ली, मैं नहीं जानती कैसे उरिन हो पाऊँगी।

नाथ : एऽ ! मैंने तुम्हारी खातिर थोड़े ही किया! मैंने किया अपनी मासूम मगर ज़िद्दी बच्ची की खातिर। उसने मेरी खातिर अपनी ज़िन्दगी का जो सत्यानाश किया है, उसके सामने वो कुछ भी नहीं है।

सेवा : उसने जो भी किया, अपनी मर्ज़ी से किया है। तुम बेकार अपने मत्थे मत मढ़ो।

नाथ : नहीं। क्या पता, समय रहते वो शायद अपने-आप पाँव खींच लेती। उसमें भावावेग ज़रूर है, लेकिन उथलापन नहीं है। हमने अपने सोशल कमिटमेण्ट को दाँव पर लगा दिया। कहा, शाबाश, हो जाये। ये भी एक क्रान्तिकारी प्रयोग है! मैंने उसके लौटने की राहें बन्द कर दी हैं। आज समझ पाया हूँ।

सेवा : नाथजी, शादी उसने ज़िद पर आके की। तुम चुप रहते तो भी वो शादी करके ही रहती।

नाथ : फिर भी तुमने इशारा किया था। उस वक़्त मैं कब सुनने

चला था। मुझ पर तो भूत सवार था जातीयता और वर्णभेद को जड़ से निकाल बाहर करने का! नतीजा ये कि मैंने अपनी बच्ची को दुःख की खाई में...

जयप्रकाश : प्लीज़! क्या ये सब कहना ज़रूरी है?

नाथ : हाँ। कभी तो आत्म-परीक्षा करनी होगी ही। चाहे लाभ न हो, फिर भी।

सेवा : नाथ, तुम नाहक अपने पीछे पड़े हो।

नाथ : नॉट ॲट ऑल।

सेवा : एक तो ऐसे ही टेन्शन में हो, ऊपर से...

नाथ : खामखयाली है तुम्हारी। तुम मुझे इतना सेन्टिमेन्टल समझती हो? राजनीति ने मुझे गेंडे की खाल बख्शी है।

जयप्रकाश : आपकी आवाज़ आज बहुत ही थकी-थकी जान पड़ती थी...

नाथ : गलत! अरुण आठवले के मास्टरपीस को पढ़कर मेरा गला भर आया था। मैं जानबूझ कर भर लाया था। सुन्दर शब्दों को ढूँढ़-ढूँढ़ कर मैदान में उतार रहा था और उनकी हत्या कर रहा था। महापुरुषों के वचनों को तोड़मरोड़कर मिट्टी में मिला रहा था। बायरन और कुसुमाग्रज हमारे प्राणप्रिय कवि हैं। उनका गला खुशी-खुशी घोंट रहा था। एक ज़माने में खांडेकर का सेन्टिमेन्टल आदर्शवाद किस कदर हम पर हावी था। आज खांडेकर जहाँ कहीं होंगे, सिर धुन रहे होंगे। आज मैंने उन्हें तक यूज़ किया। क्यों किया? ये पाप मैंने क्यों किया? मेरी मासूम बेटी की खातिर? फूल-सी बच्ची की खातिर किया। अगर था, तो उस बेचारी का एक ही अपराध था। पिता की अक्लमन्दी का उसने ज़रूरत से ज़्यादा विश्वास किया। उसने पिता के संस्कार लिए। पिता के मानवतावाद और उदारतावाद का व्रत लिया। जयप्रकाश जी, आप अब एक ही काम करें। पिता को नकारिये। उसका भावावेश, उसका पोंगापन, इन्हें ध्यान से देखना सीखिए। उसका विश्वास मत कीजिए, करेंगे तो आप भी गड्ढे में गिरेंगे...

सेवा : *(रोकते हुए)* फिज़ूल की बात मत करो। तुम्हें बहुत परेशानी उठानी पड़ी है; भीतर चल के आराम करो। मैं तुम्हारे पास बैठती हूँ। या मैं खाना बनाती हूँ, तुम वहीं बैठे-बैठे गप्पें लड़ाना...

नाथ : जाओ तुम। तुम्हें किसने रोका है? जाओ प्रकाश, तुम आपना काम करो। मैं रह लूँगा अकेले।

जयप्रकाश : आप आज ठीक नहीं दिखायी पड़ रहे हैं...लगता है जैसे कुछ खो गया है...

नाथ : अबे, खोता है देश, राजनीतिवाला क्या खोने चला है? वो शतरंज का खेल खेलने में माहिर होता है। मरता है प्यादा, हम नहीं मरते!

सेवा : *(नाथ के करीब जाकर उसे छूकर)* उठो, भीतर चलो...

नाथ : अरे भई, मुझे हुआ क्या है जो...

सेवा : *(उसे बलपूर्वक उठाकर)* मैंने कभी तुम्हें आदेश दिया? प्लीज़!

['हद कर देती हो' कहते हुए नाथ उठते हैं। सेवा के साथ भीतर जाते हैं।

जयप्रकाश अब मंच पर अकेला है। वह एक पुस्तक रैक में से निकालता है। अन्यमनस्क भाव से पढ़ता है।

दरवाज़े की घण्टी बज उठती है।

जयप्रकाश पहले चौंक पड़ता है। फिर दरवाज़ा खोलता है।

दरवाज़े पर ज्योति खड़ी है। गर्भवती। कृश।]

जयप्रकाश : *(अचरज से)* ज्यो!

[ज्योति भीतर आती है। दरवाज़ा बन्द करती है।]

ज्योति : भाई जी क्या कर रहे हैं?

जयप्रकाश : अन्दर हैं। माँ भी वहीं है।

ज्योति : क्यों? तबियत ठीक नहीं?

जयप्रकाश : नहीं, ऐसी कोई बात नहीं। ज़रा डिस्टर्ब्ड हैं। मगर तुम कैसे?

ज्योति : ऐसे ही। मुझे भाई जी से कुछ कहना था। वहाँ गोष्ठी में सम्भव नहीं था, इसीलिए यहाँ आना पड़ा।

जयप्रकाश : इतनी रात गये?

ज्योति : वो अभी सोये तो नहीं न?

जयप्रकाश : पता नहीं। खुद ही देख लो।

ज्योति : *(ज़रा सोचकर)* नहीं। सोए नहीं हों तो कह दो, मैं आयी हूँ और मुझे उनसे कुछ बात करनी है।

जयप्रकाश : *(उसकी वाणी की औपचारिकता का बुरा मानकर)* अगर सो गये हों तो? माँ से कहूँ, तुम आयी हो?

ज्योति : कह दो; लेकिन मुझे भाई जी से काम है।

[जयप्रकाश अन्दर जाता है। उसका अचरज अभी तक कायम है।
ज्योति बैठी रहती है, जैसे यह घर पराया हो।
फ़ोन की घण्टी बजती है। बजती रहती है।
सेवा अन्दर से बाहर आती है।]

सेवा : *(रिसीवर उठाते-उठाते ज्योति को सिर से पाँव तक देख कर)* ज्योऽती? अन्दर नहीं आ सकती थीं?

[ज्योति उत्तर नहीं देती। सेवा फ़ोन लेती है।]

सेवा : *(फ़ोन पर)* हैलो, कौन? मधू? सेवा बोल रही हूँ। भाई? सो रहे हैं। ज़रा तबियत ठीक नहीं...नहीं-नहीं, कोई खास बात नहीं है, ऐसे ही। फ़ोन करने को कहूँ, सो के उठते ही? ठीक, कह दूँगी। *(रिसीवर रख देती है।)*

ज्योति : *(उठकर)* मैं जा रही हूँ।

सेवा : *(आश्चर्य से)* अरे! अभी-अभी आयी हो, अभी हाल जा रही हो!...

ज्योति : *(दरवाज़े की ओर जाते-जाते)* भाई जी से कह देना, मैं फ़ोन करके आऊँगी।

सेवा : *(विस्मय से)* ज्योति! ये क्या तमाशा है?

ज्योति : मुझे भाई जी से एक बात कहनी थी।

सेवा : वो आ रहे हैं। तुम कहाँ चलीं? खाना भी तैयार है...

[ज्योति कोई प्रतिक्रिया नहीं देती। वह सिमटी-सिमटी-सी सिर्फ़ खड़ी है।]

सेवा : खाना खा के जाना, अगर एतराज़ न हो तो...

[नाथ बाहर आते हैं।]

नाथ : *(ज्योति को देखते ही गहरे स्नेह से उसकी ओर जाकर)* ज्यो! तू आया है बेटे! यहाँ क्यों खड़ी हो दरवाज़े के पास आओ, इधर आओ, यहाँ बैठो। *(उसे ले आकर सोफा में बिठाते हैं।)* तुम अचानक कैसे आयीं, बोलो? मगर आयी हो, ये बहुत अच्छा किया। पूछ लो चाहे सेवा से, मैं अभी-अभी तुम्हें ही याद कर रहा था। मेरे भाषणों की असली आलोचक तुम; बच्ची थीं तब से। ...ज्योति, मैं हृदय से तुम्हारी क्षमा माँगता हूँ। आज तुम्हें मेरा निहायत रद्दी भाषण सुनना पड़ा। कुछ बात थी कि भाषण में ज़रा भी जान नहीं डाल सका, है न? मैंने एकदम खराब, घटिया, शर्मनाक परफॉरमेन्स दिया आज। कितने सारे दिनों बाद तुम सामने बैठी थीं और मैं बोल रहा था। मगर दुर्भाग्य, मैं अच्छा नहीं बोल सका। आज तुमने ज़रूर कहा होगा, ये मेरा बाप किस काम का!

ज्योति : *(रुखाई से)* मुझे आपसे कुछ कहना था...

नाथ : और मैं हमेशा की तरह बकता ही चला गया! आदत से लाचार! सेवा, खाना तैयार है न? *(ज्योति से)* चलो, हम लोग डाइनिंग टेबुल पर ही बातें करें। मुँह में निवाला पहुँचते ही मैं बोलना कम कर देता हूँ! चलो...

ज्योति : *(कोल्ड स्वर में)* नहीं। यहीं बात करेंगे। यहीं ठीक है।

[सेवा की ओर देखती है।]

सेवा : मेरा यहाँ रहना शायद तकलीफदेह होगा।

ज्योति : *(रुखाई से)* न रहो तो अच्छा।

[ताव खाकर सेवा चली जाती है। नाथ अब ज्योति का रूखापन अच्छी तरह महसूस करते हैं।]

नाथ : बोलो।

ज्योति : *(आरम्भ में आँख नहीं मिला पाती। फिर एकदम सामना करके)* आज की गोष्ठी में आप क्यों गये थे?

नाथ : *(प्रश्न की आकस्मिकता के कारण हड़बड़ाकर)* मैं? क्यों साब? हमें निमन्त्रित किया गया था। हमारा नाम छपा था अखबार में, पोस्टर्स में भी था...

ज्योति : आपने भाषण क्यों दिया?

नाथ : *(बेचैन होकर)* हम लोग भाषण देने की खातिर ही गोष्ठियों में पधारते हैं। 'अगर हम नहीं हैं तो कुछ भी...'

ज्योति : झूठ!

नाथ : झूठ क्यों? अरे भई, हम भाषण देंगे यही तय हुआ था। मैं अध्यक्ष था गोष्ठी का...

ज्योति : आप अरुण की पुस्तक पर क्यों बोले?

नाथ : रद्दी बोला, यही न? मगर पुस्तक मुझे अच्छी लगी...

ज्योति : आप मुझसे झूठ मत बोलिए। आपने अरुण की पुस्तक पर भाषण क्यों दिया?

नाथ : *(झूठ बोलने का निर्णय करके)* क्योंकि मुझे उसकी कृति ग्रेट मालूम हुई थी। तुम चाहे अपनी माँ से पूछ सकती हो...

ज्योति : *(आवाज़ में तुर्शी)* आप झूठ बोल रहे हैं!

नाथ : *(ज़रा दयनीय स्वर में)* नहीं, सच। ...अच्छा, प्रकाश से ही पूछ लो...या वसन्त को फ़ोन करके पता लगा लो...

ज्योति : मुझे गवाहों की गरज नहीं। आप झूठ कह रहे हैं। पुस्तक आपको पसन्द नहीं आयी...

नाथ : *(ज़रा भयभीत होकर परन्तु कुछ ज़ोर से)* ये कैसे कह सकती हो?

ज्योति : पसन्द आने पर कोई ऐसे भाषण देता है?

नाथ : मैंने बताया तो, आज दाल नहीं पकी, बस...

ज्योति : बात टालने की कोशिश मत कीजिए। आपने जो आज की गोष्ठी में भाग लिया, उसकी वजह कुछ और थी।

नाथ : वो तो है ही। अरुणजी खुद आये थे...तुमसे उन्होंने कहा ही होगा...

ज्योति : आप इसीलिए वहाँ गये थे और बोले थे कि आपको डर था कि अगर नहीं जाऊँगा तो अरुण मेरे साथ और भी अत्याचार करेगा।

नाथ : *(कुंठित; फिर भी)* वेल, वो कन्सिडरेशन नहीं था, ऐसा भी नहीं कह सकते...

ज्योति : *(स्वर में तीखापन)* वही कन्सिडरेशन था। दूसरा कोई

कन्सिडरेशन नहीं था। आपका आज का भाषण रद्दी तो था ही, वो ऐसा था जैसे लोग भाड़े पर बोलते हैं। आप भाड़ा लेकर बोलने गये थे? भाड़ा लेकर तारीफ कर रहे थे?

नाथ : *(समझाने की कोशिश करके)* ज्योति...

ज्योति : मैं भले ही मर ज़ाती, मगर आपने भाषण क्यों दिया? क्यों आपने मुझपै अहसान किया?

नाथ : अहसान काहे का...आखिर एक ही घर के आदमी हैं हम...

ज्योति : नहीं हैं। मैं इस घर की नहीं हूँ।

नाथ : गुस्से में चाहे कह लो, लेकिन फिर भी...

ज्योति : *(कर्कश स्वर में)* मैं इस घर की नहीं हूँ। आप लोगों में से किसी की भी नहीं हूँ। दुबारा मत कहियेगा।

नाथ : *(बात को हँसी-खुशी झेलने की कोशिश करके)* फिर किसकी हो भाई...

ज्योति : आप जानते हैं किसकी हूँ। मैं उसकी हूँ जिसे आप पसन्द नहीं करते। जिसे आप अछूत मानते हैं, मैं उसकी हूँ। आपका पाक-साफ मन जिसे छूकर नापाक हो जाता है, मैं उसकी हूँ।

नाथ : तुम गलत सोचती हो ज्योति...

ज्योति : ज़्यादा झूठ मत बोलिए, प्लीज़!

नाथ : *(व्यूह में घिरकर)* क्या आधार है तुम्हारे कहने का कि हम उसे पसन्द नहीं करते? इस घर में हमेशा उसका स्वागत किया गया है...एक कवि और लेखक मानकर आदर ही दिया गया है...

ज्योति : वो सुना मैंने आपके भाड़े के भाषण में! झूठे, धोखाधड़ी वाले भाषण में। मैं जान रही थी, आप असल में क्या कहना चाहते हैं। सुन रही थी वो, जो आप बोल नहीं पा रहे थे। आपकी निगाहें जब-तब उसे देख लेती थीं और ज़हर टपकाती थीं। गोष्ठी ख़त्म होने के बाद उसने आपसे मिलने की कोशिश की थी, मैंने ये भी देखा कि कैसे आप अपने परम आदरणीय को एकदम ठण्डेपन

से नज़रअन्दाज़ करके चल दिये थे! नाथ जी, आज के बाद आप मुझे धोखा नहीं दे सकते। अरुण के लिए आपके मन में अपार घृणा ही है, कुछ और नहीं है।

नाथ : *(कुछ समझाते हुए, कुछ अपराध-भाव से)* तुम गलती कर रही हो। अरुण के लिए नहीं, अरुण के भीतर बसी कुछ प्रवृत्तियों के लिए...

ज्योति : प्रवृत्तियों के लिए! आपकी ये बातें सुनते-सुनते ही तो मैं बड़ी हुई। 'मनुष्य से नहीं, उसकी बुरी प्रवृत्तियों से नफरत करो। बुनियादी तौर पर मनुष्य बुरा नहीं होता, वो अच्छा होता है। बुरी होती हैं उसकी प्रवृत्तियाँ! प्रवृत्तियों को बदलना होगा! जड़ समेत नष्ट करना होगा! फिर देखिये, ये धरती ही स्वर्ग बन जायेगी! ज़रूरत है मनुष्य के भीतर सोये हुए भगवान को जगाने की।' ...सब फरेब है, धूर्तों की बकवास है! सच्चाई ये है कि आप बराबर जानते रहे हैं कि मनुष्य और उसकी अन्दरूनी प्रवृत्तियाँ दो अलग चीज़ें हो ही नहीं सकतीं। दोनों एक हैं, अखण्ड हैं। और मनुष्य को आप या तो पूरा-का-पूरा स्वीकार कर सकते हैं या नकार सकते हैं। कई बार तो आप ये चुनाव भी नहीं कर सकते। मनुष्य की पशुता को सुलाकर देवत्व को जगाना एक ऊलजलूल ख़याल है। इन सब बातों को समझने के लिए मुझे आपकी वजह से बीस साल गँवाने पड़े। अपने अनुभव के बल पर सीखना पड़ा। अरुण आठवले नामक मनुष्य से मिलना पड़ा। आपने मुझसे जो छिपाया था, अरुण आठवले ने मुझे दिया। अहसान तो उसका मानना चाहिए मुझे!

नाथ : देखो ज्योति, ये मसला ऐसा नहीं कि दो बातों में उड़ा दिया जाय। इस पर विस्तार से, और ठण्डे दिमाग से...

ज्योति : आप किया कीजिए बातें विस्तार से, और ठण्डे दिमाग से। मेरे पास समय नहीं। ठण्डा दिमाग भी नहीं। मुझे अपनी लड़ाई लड़ने की खातिर जाना है। रात को जब अरुण शराब के नशे में धुत्त होकर मेरे सामने आता है, तो उस वक़्त आइये कभी, हिम्मत हो तो। उसकी

आँखों में जंगली जानवर उतर आता है, होंठों पर, चेहरे पर...शरीर के एक-एक अंग में अरुण जानवर होता है, जानवर की प्रकृति उससे अलग नहीं होती है। शुरू-शुरू में पागल की तरह मैं उस अरुण को ढूँढ़ा करती थी जो बुरी प्रवृत्तियों से परे है, वही धुन बाँध लेती थी, उसे बाँहों में समेट लेती थी। अनुभव ने सिखाया मुझे, कि ऐसा कभी नहीं होता। जानवर भी अरुण होता है और प्रेमी भी अरुण होता है। राक्षस भी अरुण ही है और कवि भी अरुण ही है। और दोनों एक-दूसरे से जुड़े हुए हैं, एक में एक हैं, एक हैं। कुछ इतने एकसाँ कि कई बार पता ही नहीं चलता कि कौन सा राक्षस है और कौन सा प्रेमी! प्रेम के उन्माद में मिलती हैं गन्दी-गन्दी गालियाँ और पिटते-कुटते समय अचानक भावुक और गहरे चुम्बनों की बारिश! खौफनाक दुर्दशा झेलकर टूटी देह सो जाती है और जब उठकर काम में लग जाती है तो हाथ लगती हैं टीसती व्यथा को छलकाती अधूरी कविता की चार भावभीनी पंक्तियाँ...उन पंक्तियों से नये सिरे से प्रेम करना आरम्भ करते हैं और इधर कान में घुसती हैं नीच और धूर्त योजनाएँ कि कैसे फलाँ-फलाँ ईमानदार हितैषी को उल्टे छुरे से मूँडा जाय...यह सब एक ही मनुष्य करता है, एक ही समय करता है! मुझे बतलाइये कौन सी पशुता को जड़ समेत नष्ट करूँ, कौन से भगवान को जगाऊँ? बतलाइये। ...इन सबको मिलाकर ही अरुण बना है और जैसा बना है, वैसा ही मुझे स्वीकारना है, क्योंकि मैं उसे नकार नहीं सकती...

नाथ : क्यों? अगर वही होना है तो भी मैं तुम्हारे साथ रहूँगा...

ज्योति : वो नहीं होना है भाईजी, क्योंकि लड़ाई में पीठ दिखाना गलत है, ये आप ही ने हमें लगातार सिखाया है! 'परिस्थितियों के सामने घुटने टेक देना कायरता है।' ये तालियाँ लूटने वाला वाक्य आप ही कहते रहे हैं और ये कहकर कि हमारा बाप कितना महान है, हम तालियाँ पीटते रहे हैं।

'लक्ष्य की आसक्ति लेकर चल रहा हूँ।
और आशाएँ जगाकर पल रहा हूँ।
है किनारा कायरों का, राह मेरी हर लहर!' ये और ऐसी बीसियों कविताएँ आप ने हमसे रटवाई थीं न? ये ड्रग हमारे खून में घुल-मिल चुका है। हमारी समूची चेतना को उस ज़हर ने मुरदा कर दिया है। हम भाग नहीं सकते। भागकर जान बचाना भले ही बुद्धिमानी का काम हो, और भले ही दूसरे लोग ये बुद्धिमानी दिखाते हों, बल्कि वही आचरण का नियम हो, फिर भी हम यही घोखते रहेंगे कि 'ओ रे सैनिक, आगे बढ़ तू।' और एक्स्पेरिमेण्ट के गिनीपिग की तरह जान गँवाते रहेंगे और आप...मनुष्य के भीतर सोए भगवान को जगाते हुए आराम से जियेंगे...

नाथ : *(तिलमिलाकर)* ज्योति, क्या कह रही हो?...

ज्योति : यही सत्य है। आपको छोड़कर मैं किसे यह सत्य सुनाती? इसीलिए आयी थी। *(उठकर)* जाती हूँ।

नाथ : ठहरो ज्योति, प्लीज़, ऐसे मत जाओ...हम लोग शान्ति से सोचेंगे...

ज्योति : सोचिये आप, मुझे सोचना बन्द करके जीना सीखना है। बहुत सोचती हूँ। बहुत तकलीफ पाती हूँ। मार-पीट से नहीं, विचारों से तकलीफ पाती हूँ। ज़्यादा नहीं सह पाऊँगी। ...मुझे माफ कीजिए। जो मुँह में आया, कह गयी। मगर आपका पाखण्ड देखकर बहुत चिढ़ हुई। लगा, आखिर किसलिए इस आदमी ने हमारी ही देह में भलाई का और सच्चाई का ड्रग रोज़ सुबह ठूँसा? अगर ये व्यक्ति तमाम चक्रव्यूहों में से बाहर निकलकर जी सकता है तो क्यों इसने हमारी राहें बन्द कर दी हैं? मैं भूल नहीं पाई हूँ एक दृश्य जो बरसों पहले कभी देखा था। स्कूल के रास्ते पर एक आदमी ने एक बहँगी की दोनों टोकरियों के ढक्कन खोले और टोकरियों में से बाहर निकले काँपते-डगमगाते, लड़खड़ाते हुए, मनुष्य जैसे दिखने वाले दो चिमड़ी हुई खाल ओढ़े झुर्रियों भरे जीव! किसी ने बताया था कि ये लोग छोटे बच्चों को

पकड़ ले जाते हैं और उनके हाथ-पाँव तोड़कर अपाहिज बना देते हैं। मैं आपको कटु शब्द सुना रही हूँ भाई जी, मुझे माफ कीजिए, मगर आपने हमें... *(आगे नहीं बोल पाती।)*

[नाथ सुन्न पढ़ गये हैं।
ज्योति दरवाज़े की ओर बढ़ती है।]

नाथ : *(दयनीय स्वर में)* फिर आओगी न ज्योति?

ज्योति : *(निश्चयपूर्वक)* नहीं। यहाँ आते ही मुझे अपनी दुनिया से नफरत होती है। देर से ही सही, जो सत्य देखा है उसे अनदेखा करके दुबारा अन्धी हो जाना चाहती हूँ। मुझे अपनी उसी दुनिया में जीना है... *(ज़रा रुककर)* मरना है। माँ से सॉरी कहियेगा। उसको बता दीजिए, आप लोगों में से कोई मेरे घर नहीं आयेगा...ये मेरा आदेश है...

नाथ : तुम्हारी डिलिवरी...

ज्योति : *(कठोर स्वर में)* मेरा पति है। मैं विधवा नहीं हूँ। अगर हो भी जाऊँगी तो भी आपके दरवाज़े पर दस्तक नहीं दूँगी। मैं ज्योति यदुनाथ देवलालीकर नहीं हूँ, ज्योति अरुण आठवले हूँ, एक मेहतरानी हूँ! हरिजन नहीं कहती, मुझे उससे चिढ़ है। मैं हरिजन नहीं हूँ? महतरानी हूँ। महारानी होती है न, वैसे ही मैं मेहतरानी हूँ! मुझे मत छुइये। मेरी छाँह से बचिये, नहीं तो मेरी आँच आपके सुखासीन मूल्यों को झुलसाकर रख देगी!

[ज्योति चली जाती है।
लॅच दरवाज़ा आवाज़ के साथ बन्द हो जाता है जैसे नाथ का हृदय बन्द पड़ गया हो।
सम्पूर्ण निस्तब्धता।
नाथ सुन्न होकर ज्योति की दिशा में देखते रह जाता है।
रौद्र पृष्ठसंगीत आरम्भ होता है। फैलता है।
बड़ी-बड़ी इमारतों के अकस्मात ढहने की आवाज़ें।
नाथ के माथे को प्रकाशित करने वाला उजाला मिट जाता है और वे रोशनी की खोज में सरकते

हैं। इमारतों के ढहने की आवाज़ें तेज़ हो जाती हैं। दहशत पैदा करने वाली आवाज़ें।

जिस रोशनी तक नाथ पहुँच गये हैं, वह भी बुझ जाती है। नाथ बची-खुची रोशनी की ओर बढ़ते हैं। खड़े रहते हैं। रोशनी आती है, जाती है।

नाथ टूटकर कुर्सी में धँस जाते हैं। सिमट जाते हैं। ढहने की आवाज़ें अब और भी भयानक जान पड़ती हैं।]

[परदा।]

❐❐